地球のカタチ
katachi

ぼくの家《うち》は「世界遺産」

小松義夫
Yoshio Komatsu

白水社

地球のカタチ
katachi

ぼくの家《うち》は「世界遺産」

厚い泥壁の家、入り口広間の壁に
伝統的なハウサ模様《もよう》が泥で施《ほどこ》されていた。
——ナイジェリア

マラムレシュ地方には木が多い。
惜《お》しげもなく木を使った家。墓標《ぼひょう》も木だ。
——ルーマニア

地球のカタチ
katachi

ぼくの家《うち》は「世界遺産」　contents

壁のない屋根だけの家。
森も家の一部として扱う。
——ベネズエラ

アメリカで伝統的な家の姿を追い求めてゆくと
ティピ（移動式住居）に行きつく。
——アメリカ合衆国

装丁・本文デザイン　妹尾浩也（*iwor*）

人の住む形を追い求めて

人の住む形、家の姿を求《もと》めて世界中《せかいじゅう》を歩き回って、かれこれ二〇年を超《こ》える。家は、その土地の材料、気候《きこう》、歴史などをもとにつくられていて、その形から世界の人の生き方が透《す》けて見える。家そのものも好きだが、魅力《みりょく》ある姿の家がある風景の中にいるのが好きだ。風景は家がつくる、と思う。

昔の記憶《きおく》をたどると、四〇年弱《じゃく》前に車で回ったトルコのアジア側のアナトリアの小さな町には木造《もくぞう》の家が建《た》ち並び、泊《と》まったホテルも木造で、その空間や風景が当時の日本に似《に》ていて懐《なつ》かしかった。その木造の家がある風景の中で過《す》ごした記憶は今でも自分の中に残っている。真冬《まふゆ》のホテルに入って一泊分の料金を払うと部屋の鍵《かぎ》と紙袋に入った木屑《きくず》を一袋渡された。部屋に入るなりストーブに木屑の入った袋を入れて火をつけ、置いてあった少量の薪《まき》をくべた。あの暖《あたた》かさを今でも思い出す。

四半世紀《しはんせいき》も前のことだがヒマラヤ登山《とざん》にカメラマンとして参加したことがある。K2の西壁《せいへき》を見据《みす》えるように張《は》られたベースキャンプの巨大《きよだい》テントは約二ヶ月間、登山活動の母屋《おもや》だった。そこから上にキャンプ1、キャンプ2、そして八〇〇〇メートルを超《こ》えるキャンプ5までテントが張《は》られた。キャンプ1で表層雪崩《ひようそうなだれ》がテントの上を乱暴《らんぼう》に谷に向かってすべり落ちていった。キャンプ2では嵐《あらし》に閉じ込められて強風《きようふう》にもびくともしない三角形の特注《とくちゆう》テントの強靭《きようじん》さを身体《からだ》で知った。登山体験で、人生のほんのひと時《とき》を過《す》ごしたテントの空間《くうかん》も忘《わす》れられない。テントも立派《りつぱ》な家だ、と思う。

自分ではまったく気にしていないが、結局《けつきよく》現在六〇歳を超《こ》えてしまった。六〇年、一〇〇年という時間を世界の歴史の中で考えると、これは一体何《いつたい》なのだろう、と思う。自分が世界を旅し始めたころと比《くら》べ世界の人口《じんこう》はほとんど倍《ばい》になっている。そのころと比べ、地球の環境が大きく変化しているのも実感《じつかん》する。

テクノロジーの発達はとどまるところを知らず、インターネットは世界を根本《こんぽん》的に変えたように見える。考えてみてほしい、第一次大戦からまだ一〇〇年経《た》っていない。この戦争で使われた飛行機は二枚の主翼《しゆよく》の複葉機《ふくようき》だったし、自動車も原始《げんし》的なものだった。主《おも》にアメリカと戦《たたか》い日本が焼け野原《のはら》になった太平洋戦争が終わって、六〇年強《きよう》だ。事物の変化は世界の歴史の中で考えると数百年の時間が一〇〇年弱《じゃく》の間に起《お》こってしまい、現在はその方向を見失《みうしな》っているか、に見える。この時代にさまざまな姿の家で人々は生活を営《いとな》んできた。

現在、頭の中には次に訪《おとず》れる家が数多く入っている。家の姿を見ることで自分の生きている時代に力強く生きている人々の姿を確認したい。そんな計画を持ちながら東京で日々を過《す》ごしている。

私と一緒に人々の暮《く》らしの形、家の姿を追い求める旅につきあっていただければ幸《さいわ》いです。

1

楕円形の家

オーストリア、ウィーンのホテルの駐車場に約半年置いてあった一九八四年型《がた》の日本製四輪駆動車《よんりんくどうしゃ》のエンジンをかけてみた。半年も放《ほう》ってあったのに一回でエンジンがかかった。Uバーン（地下鉄）の二四時間切符《きっぷ》を買って、保険会社まで行き、車の保険を買った。ウィーンでは公共交通機関《こうきょうこうつうきかん》の切符は自己申告制《じこしんこくせい》だ。買った切符をパンチング・マシーンに入れて入場時間を切符に記録する。東京やパリなどと違い、改札《かいさつ》がない。そんなことでウィーンに来たのだ、と実感する。

Uバーンを使っていくつかの用事を済《す》ませ、ホテルに戻って荷物《にもつ》をまとめチェックアウトし、車に荷物を積《つ》んで南のグラーツを目指《めざ》した。目的地はスロヴェニアだけれども初日は無理せずにオーストリアで泊《と》まることにした。高速道路料金も自己申告制だ。サービス・エリアで使用する日数に応《おう》じたステッカーを買ってフロントガラスに貼《は》る。サービス・エリアのガソリンスタンドでタイヤの空気圧、ブレーキ・オイル、エンジン・オイルなどをチェックして南を目指《めざ》した。

高速道路は世界中どこでも同じで、走っていて面白《おもしろ》くない。能率一辺倒《のうりついっぺんとう》で、なんだかせかされているような気がする。焦《あせ》る理由は一つもないのに、高速道路を走っていると、目標が道路標識《ひょうしき》の距離《きょり》の数字だけになってしまう。数字だけが目標なんて空《むな》しいので、ある程度距離を走ってから一般道路を走ることにした。

普通の道はため息が出るほど走って楽しい。美しい景色《けしき》や道路の両側に並ぶ街路樹《がいろじゅ》が目と心にしみる。何度もため息をつく。東京の忙《いそが》しい生活が嘘《うそ》のようだ。一般道路なので自転車や道行く老人に気をつけてスピードを落として走る。特に村を通り過《す》ぎる時、学校の標識があるときは制限速度以下で走る。

ヨーロッパの田舎《いなか》をこうしてゆっくり走っているから今まで生きてこられたのか、と大げさでなく思う。人の営《いとな》みがある風景を見ること、そしてその中に居《い》ることが心の栄養《えいよう》になっているのかも知れない。東京をはじめとした大きな都会にだけ居たら、たぶん大きな病気になっているだろう。

そろそろ宿《やど》を探《さが》す時間だ、と思っていたら金色のタマネギ頭やさまざまな色のタイルで飾《かざ》られた建物が見えてきた。ウィーン市街《しがい》に周囲とはまったく異質《いしつ》な姿をした市営《しえい》アパートを設計《せっけい》したフンデルト・ヴァッサー設計の温泉施設《おんせんしせつ》だ。東京からウィーンに飛んできて二日目、だいぶ疲《つか》れていたが見学《けんがく》した。ウィーンの市営アパートには住人でないと入れないが、ここは受付《うけつけ》に申《もう》し出れば内部を見ることができる。

フンデルト・ヴァッサー設計の建物の床《ゆか》は平面でなく曲線が基本だ、とは聞いていたが実際施設の廊下《ろうか》は曲線でできていた。廊下を歩いて変な感じがするか、というとそうではない。妙《みよう》に気持ちがよい。床は平《たい》ら、という既成概念《きせいがいねん》をあざわらうかのような快適《かいてき》さだ。

フンデルト・ヴァッサーもすごいが彼の設計の建物を実際つくって管理《かんり》し、運営《うんえい》するオーストリアの人もすごい、と思う。日本の大阪近辺《きんぺん》にも彼が設計したゴミ処理場《しょりじょう》があるが、まだ訪《おとず》れたことがない。いつの日か時間をつくって行ってみよう。

田舎《いなか》に素朴《そぼく》な宿を見つけたのでそこに泊《と》まることにした。次の日は国境を越《こ》えてスロヴェニアだ。

スロヴェニアとの国境は簡単に越えられた。車の保険とナンバー・プレートの照合《しょうごう》のみだった。記憶《きおく》をたどると、この国には一九七一年に来て、以後なぜか、足が向いていなかった。

旧ユーゴスラヴィア連邦《れんぽう》を構成《こうせい》していた共和国の時、首都《しゅと》のリュブリャーナや世界屈指《くっし》

オーストリアの南東、バート・ブルマウにある温泉施設はフンデルト・ヴァッサー設計。

の鍾乳洞《しょうにゅうどう》のポストイナを訪《おとず》れたことを想《おも》いだした。

そんなことを想いだしつつ最初の町の銀行で両替《りょうがえ》をした。車に戻って座席で確認すると、お札《さつ》やコインがユーロのそれに酷似《こくじ》していた。もう一度銀行へ戻り、「現地通貨《つうか》がほしい」と銀行員の女性に言うと「二〇〇七年一月からスロヴェニアの通貨はユーロになった」と笑われた。時代の変化について行けないほど世《よ》の中《なか》の動きは早い。

人口《じんこう》二〇〇万人強《きょう》、面積《めんせき》は岐阜《ぎふ》県の約二倍、四国《しこく》をほんの少し大きくした程度《ていど》の小さな国スロヴェニアはアドリア海にほんの少し海岸線がある。西でイタリア、北でオーストリア、北東でハンガリー、東でクロアチアに接している。

道路を走っていると反対側の車線はトラックの列が連《つら》なっている。トラックのナンバー・プレートを見ると内陸国オーストリア、ハンガリー、そして少し遠いがポーランドなどが多い。港で陸揚《りくあ》げされた荷物の移動、これも小国スロヴェニアの経済活動の一つだろう。トラックで混《こ》みあった道路を見て、バブル時代の日本を想いだした。当時の日本の、たとえば東名《とうめい》高速道路は物を運ぶトラックであふれ、休息するためのサービス・エリアにトラックが入りきらず、場所が空《あ》くのを待つトラックの列が道路にまではみだしていた。スロヴェニアの幹線《かんせん》道路の混雑《こんざつ》を見て、昔の日本の経済が過熱《かねつ》していたころを想いだした。

三六年ぶりにリュブリャーナに来た。昔の面影《おもかげ》、といっても三六年ぶりである。リュブリャーニツァ川しか想いだせない。町の中央広場に車を置いて、歩いた。三六年前のこの町は第二次大戦で破壊《はかい》された街路《がいろ》や建物がやっと修復《しゅうふく》できた、といった、ある種《しゅ》の安堵感《あんどかん》が漂《ただよ》っていた。それに当時スロヴェニアは独立国ではなく旧ユーゴスラヴィア連邦を構成していた共和国の一つであった。スロヴェニアは旧ユーゴスラヴィア連邦を構成していた共和国の中で、産業もあって経済状態が良かったが、この国で得《え》られた収益《しゅうえき》は旧ユーゴスラヴィア連邦の後進《こうしん》地域に回されていた。その不満と自分の所の産業に対する自信が社会主義陣営《じんえい》の崩壊《ほうかい》直後、すぐに独立した原動力《げんどうりょく》だったのだろう。

リュブリャーナの町を歩くと小さな国の小さな首都を人々が大切に思っていることが伝わってくる。言葉はスラヴ系言語のスロヴェニア語だ。若い人は英語をかなり上手《じょうず》に話す。年とった人はドイツ語を話す。地理的にイタリアやオーストリアに近く、文化的にはドイツの影響が濃《こ》いが、言語はスロヴェニア語だ。ヨーロッパの国境線と言語使用線はぼんやりと一致《いっち》しているがEU、ヨーロッパ連合になって、通貨《つうか》も同じとなると、まず国境線はあまり意味をなさなくなる。法律が各国でおのおの違うことを除《のぞ》けば、ヨーロッパは一つになった、と思う。アメリカ合衆国《がっしゅうこく》とも違う、新しい世界の流れだ。

リュブリャーニツァ川にかかる三本の橋が一箇所《いっかしょ》に収斂《しゅうれん》するところにある観光案内所《かんこうあんないじょ》を訪《たず》ねた。リュブリャーナの市街《しがい》地図とアール・ヌーボー建築の建物の名前を知りたかったからだ。案内所で働く女性たちは人当《ひとあ》たりがよく、とても気持ちのよい人たちだった。皆、国やこの町を愛する気配《けはい》が漂《ただよ》っている。

地図をもらって建物の名前などを教えてもらい、写真を貼《は》ってある手作りのスクラップ・ブックをめくった。そしてその中の一枚の写真を見て、目が釘付《くぎづ》けになった。

人の住む形である家、人の生活を包《つつ》み快適な空間をつくる家、の姿《すがた》を世界中で数多く見てまわり、二〇年以上経《た》つ。とにかく理屈《りくつ》ではなく家の形を数多く見てきた。観光案内所にあったスクラップ・ブックの一ページにある木造《もくぞう》と思われる山の中の家は今まで見たこともないような不思議《ふしぎ》で面白《おもしろ》い形をしていた。ヨーロッパの木造の家はほとんど見て撮影《さつえい》してきた、と思っていたがまだこんな形の家があったのか、と嬉《うれ》しくなった。案内所の若い女性にその場所を教えてもらい、地図にマークした。リュブリャーナの町を見てから、その家を見に行こう、と思った。

探《さが》している家のあるスロヴェニア北部のカムニク・サヴィニャ・アルプスはヨーロッパ・アルプスの南の一部だ。アルプス山脈《さんみゃく》は東からオーストリア、スロヴェニア、イタリア、リヒテンシュタイン、ドイツ、スイス、フランスに伸《の》びている。ヨーロッパの最高峰《さいこうほう》、モンブラン（四八〇七メートル）はイタリアとフランスの国境を成《な》す。

見たことも無い形の家を目指《めざ》した日は金曜日だった。道路は週末を山で過《す》ごす人々の車で混《こ》んでいたがアルプスから流れ出る川を遡《さかのぼ》って谷をつめた。そこにはロッジがあって、その駐車場は満員だ。そのまわりにはビールを飲みながら大きな声で歌をうたう人たちが集《つど》い、週末のエネルギーが満ちていた。しかし目的のヴェリカ・プラニナに行く道がわからない。

言葉が通じないがヴェリカ・プラニナにどう行けばよいか数人の人に聞いてみた。そのうちの一人が教えてくれたが、山を登って六時間ほどだ、という。どこかで泊《と》まって、次の日、車の中に放り込んであるリュックに荷物をいれて歩くか、と思った。

谷で泊まるところを探《さが》した。大きなロッジのようなところに多くの車が止まっていた。そこで宿のことを聞いた。幸《さいわ》い英語を話す女性がいて、彼女が近くの山の中の宿を教えてくれた。ついでにヴェリカ・プラニナの面白《おもしろ》い形の家について尋《たず》ねた。すると途中《とちゅう》までロープウェイが通《つう》じていることを知った。宿にせよ探している場所にせよ、とにかくしゃべることが大切だ、と思った。明日は少なくとも六時間も歩かなくてすむ。

ロープウェイのゴンドラは四〇分おきに出ていて、山歩きの人たちが乗っていた。ゴンドラの古さ、素朴《そぼく》さからみてスロヴェニアが社会主義時代のときにつくられたものか、と思った。山の上の駅に着き、踏《ふ》み固《かた》められた道を勘《かん》によって歩いた。空気が乾《かわ》いていて涼《すず》しい。清涼《せいりよう》、とはこのことを言うのだ、と思いつつ歩いた。

緑の小さな丘を越えると求《もと》めていた形の数々が出現《しゆつげん》した。最初の印象《いんしよう》は縄文式住居群《じようもんしきじゆうきよぐん》、といった感じだ。山の上の平地《へいち》に散《ち》らばる家の数々を見て、おかしな形の家の姿がどこか懐《なつ》かしい気分を誘《さそ》う。

家の形がおかしく感じたのは両側が楕円形《だえんけい》だからだ。家の本体も屋根もすべて木でつくられている。村全体が木の家で統一されているのが素晴《すば》らしい。歩いていると、とある家にハイキングに来た人たちが座ってなにか食べている。よく見るとヨーグルトだ。

小腹《こばら》がすいていたので自分も座ってヨーグルトを頼《たの》んだ。隣《となり》の席の人が蕎麦掻《そばが》きのようなものを食べていたので、それも頼んでみた。ヨーグルトはもちろんここの自家製《じかせい》、蕎麦掻《そばが》きのようなものはとても美味《おい》しかったが、一体なんなのだろう。小麦の粉でもないし芋《いも》の粉でもない。たぶんラード（豚脂）かなにかで練《ね》ったものだろう、と思った。ずいぶんと腹もちがよい。何の粉か尋《たず》ねたかったが残念ながらそこでは英語が通《つう》じなかった。

いくつかの家を訪《たず》ねていたが、とある家の庭に座っている人たちに手招《てまね》きされた。そこには英語が上手《じょうず》な高校生がいて、この村についていろいろ教えてもらった。近くに見える山が標高《ひょうこう》一六六六メートルなのでヴェリカ・プラニナは一五〇〇メートル前後だろう。少年は夏休みに放牧《ほうぼく》の手伝いに来ていて三五〇頭《とう》の牛を麓《ふもと》の村から放牧地に上げてきた、という。夏の三ヶ月ほどここにいて牛を太らせて秋に麓に下《お》ろす、という。

家の中に入れてもらったが、家の内部も木でできてはいるが新しい。台所の火はブタンガス（液化石油ガス）、水は村で共同で汲《く》んだ井戸《いど》水《みず》をパイプで近くまで運《はこ》んで来ているのでそこから汲《く》んでくる。トイレはおがくずを使ったエコ・トイレだ。電気は小さな太陽電気パネルでまかなっている。ここを使うのは日の長い夏だけなので電気は日が落ちてから数時間テレビを見るのに使う程度だ。

家の中を見せてもらって楕円形《だえんけい》の疑問が解《と》けた。牛を入れる場所なのだ。基本形の四角《しかく》い家の壁に牛が餌《えさ》や水を飲むところがある。牛は夜には家に向かって過《す》ごすことになる。牛は頭よりオシリのほうが大きいので、牛を囲《かこ》うのにオシリに合わせて囲いが楕円形になっている。

感心《かんしん》したのは夏にしか使わない家の形をスロヴェニアの山の生活のシンボルとして残す

ヨーロッパ・アルプスの南、
ヴェリカ・プラニナの放牧村。
木造楕円形。

右に牛をつなぐ鎖が見える。小屋は牛のオシリに合わせて楕円形になった。

下：標高1000メートルを越える高原で育つ、おいしい草を食べて太る牛。

ためか、ヴェリカ・プラニナを少し下《くだ》ったところにハイキングに来た人が泊《と》まれるようになっている山小屋《やまごや》が数多く建《た》てられていることだ。

そうした施設《しせつ》として伝統の形が守られている。この山小屋の村は一九六〇年代からつくられてきた、というからスロヴェニアの人が伝統の形を大切にしていることがわかる。本来の牛とともに暮《く》らす放牧小屋《ほうぼくごや》ではないが形はやはり楕円形《だえんけい》だ。これらの家をつくる大工《だいく》さんや製材所《せいざいしょ》は細々《ほそぼそ》ながらも仕事がある、ということになる。

なによりも、山に行けばこの楕円形の家がある、ということがスロヴェニアの人々の心の中の原風景《げんふうけい》の一部をつくっている、と思う。スロヴェニアの子どもに絵を描かせたら、きっと家は楕円形に描くだろう。

2 森に浮かぶ大きな家

ベネズエラを流れるオリノコ川上流《じょうりゅう》のパリマ山地《さんち》の概念図《がいねんず》を友人の関野吉晴《せきのよしはる》氏に描いてもらった。手書きのそれは正確とは思えなかったが、大体のところが摑《つか》めて好《この》ましい図だった。彼が描いてくれた図のようなものが正確な地図、情報より好きだ。

彼は学生時代から南米《なんべい》に何度も通《かよ》い、自分が撮影《さつえい》したかったジャングルに住むヤノマミ族のシャボノという、一族《いちぞく》で住む大きな住宅に何ヶ月も住み込んでいた人だ。

私には当時、とある大会社から世界の面白《おもしろ》い住宅を集めてカレンダーをつくる、という仕事が来ていた。若い頃《ころ》から世界中を回っていた自分は世界地図が頭と身体《からだ》に染《し》み込んでいる、と思ってその仕事を引き受けていた。実際、そして確かに地図的には世界中をすでに回っていて、その間に培《つちか》った旅のやり方で難《なん》なくこなせる仕事だったので、始めてみて楽しかった。

しかし、南米のジャングルには行ったことがなかったので、旧知《きゅうち》の関野氏にヤノマミ族の家のことを尋《たず》ねたのだ。彼は自分の情報を隠《かく》すような人ではなく、親切に何のためらいもなく概念図を描いてくれた。

その概念図だけを持ってベネズエラにやってきた。首都のカラカスは以前訪《おとず》れていた南米諸国の首都とは違い、石油を産出《さんしゅつ》した利益《りえき》で潤《うるお》う国の首都であった。南米の町というよりアメリカのどこかの町のようだった。

少し居心地《いごこち》の悪いカラカスから、飛行機で目的のオリノコ川上流の町、プエルト・アヤクーチョに飛んだ。飛行機の旅は便利だが、いきなり異次元空間《いじげんくうかん》に放《ほう》り出されるので最初はとまどう。その土地の空気になじむのに少し時間がかかる。

プエルト・アヤクーチョはオリノコ川上流の港町だ。川の港町、というのは変だが川は重要な道路のようなもので奥地や周辺から人々が集まってくる。川がコロンビアとの国境をつくっているので密輸《みつゆ》などを警戒《けいかい》するため飛行場や町の警備《けいび》やチェックが厳《きび》しい。ジャングルの中の町なのに変な緊張感《きんちょうかん》が漂《ただよ》っている。

川の近くに建《た》っている、一番上等《じょうとう》なホテルが満員なので町中の、少しやつれたホテルに泊《と》まった。町を歩くとレバノン人が経営する靴《くつ》屋が多い。彼らがこんなところで靴屋を経営するなんて不思議《ふしぎ》だ。町なかにジャングルから出てきた半裸《はんら》の若い男が手に瓶《びん》をぶらさげて歩いている。その中には森の蟻《あり》から採《と》った蟻酸《ぎさん》が入っている。それを売りにきたのだ。ほしかったが荷物になるのでやめた。混沌《こんとん》とした町でまず眠《ねむ》った。

次の日、町に出ると官公庁《かんこうちょう》、銀行、オフィスはすべて閉《し》まっていた。宗教的な休日が始まったのだ。日本で調べてこなかったのは不覚《ふかく》だった。この取材旅行でボリビア、おまけにニューヨークも旅程《りょてい》に入っていたので、旅程を調整することばかりに労力《ろうりょく》を使い休日があり、それも一週間続くことを調べてこなかったのは落とし穴にはまった気分だった。

ヤノマミ族の住むジャングルに舟で行くには往復《おうふく》で二週間以上かかる。また、当時はブラジル国境近くのヤノマミ族の住むパリマ山地に金鉱《きんこう》を求《もと》めてブラジルから不法越境《ふほうえっきょう》してくるガリンペイロ（金の採掘人）が出没《しゅつぼつ》し、そこに行くには当局《とうきょく》の許可《きょか》が必要であった。

そんな状況だったので、最初からセスナをチャーターして上空《じょうくう》から撮影《さつえい》をする予定だった。飛行機を飛ばす会社はあったものの鉄のドアが閉まっていた。休日があけるまでここで過《す》ごすか、あきらめて次の目的地ボリビアに行くか、二つに一つだ、と思案《しあん》しつつ町を歩いた。幸《さいわ》い川とはいえ国境の町なのでアメリカ・ドルが使え、銀行で両替《りょうがえ》することなくホテルやレストランの支払いはできる。

昼前に再《ふたた》び飛行機の会社に行った。閉まっていたドアが少し開いていて、そこから車をホースの水で洗車《せんしゃ》している人が見えた。開《あ》いているドアに首を突《つ》っ込み、英語で話しかけた。その人は会社を経営するパイロットで幸《さいわ》いなことに英語が上手《じょうず》だ。

こちらの事情を話し、飛んでくれないか、と頼《たの》んでみた。そして、軽い気持ちで関野吉晴氏を知っている、と言った。パイロットの態度《たいど》が急に変わり、次の日、飛んでくれるという。「セキノとはよく一緒《いっしょ》に飛んだ」という。

さきほどまでほとんど絶望的《ぜつぼうてき》だった事態《じたい》はこれで、いきなり解決してしまった。あとは料金や飛行時間などの事務的なことを話し、次の日の朝五時に飛行機会社の前に来ることを決めた。

早朝、パイロットと一緒に飛行場に行き、当局《とうきょく》にフライト・プランを提出《ていしゅつ》してセスナは離陸《りりく》した。朝なので雲が多いが、その上からギアナ高地《こうち》の末端《まったん》の一部が見えた。少し怖《こわ》かったのは後部座席に大きなポリタンクに入れた燃料《ねんりょう》がむき出しで積《つ》まれていたことだ。フライト中はタバコを吸《す》うことはもちろん、厳禁《げんきん》だ。深いジャングルの上を飛び目的のパリマ山地に来たが雲が多い。飛行機は高度を下《さ》げて川を伝うように上空を飛んだ。

雲の間からときどき地上のジャングルや川が見えるが目的のシャボノの姿はない。この周辺《しゅうへん》を熟知《じゅくち》しているパイロットのアディブ氏にまかせるしかない。そうこうしているうち最初のシャボノの姿が見えた。発見して少し感動的だった。が、それは廃屋《はいおく》の打ち捨《す》てられたシャボノで中庭には草が生《は》えて、人の住む気配《けはい》はない。少し残念だったがシャッターを押し、次のシャボノを探《さが》した。

パイロットがうるさいエンジン音の中でどなるように着陸《ちゃくりく》する、と言っている。彼にまかせるしか方法がないので、もちろん彼の判断にまかせた。飛行機は高度を下げ、川のそばの舗装《ほそう》されていない滑走路《かっそうろ》に降《お》りた。飛行機を滑走路の隅《すみ》に寄《よ》せて、給油《きゅうゆ》する、という。後部座席のポリタンクを取り出しホースで燃料《ねんりょう》を入れ始めた。長時間我慢《がまん》していたタバコを吸《す》うため飛行機から離《はな》れ火をつけた。近くにハンモックに寝ている現地の人がいた。

給油が終わったので飛行機に戻り、パイロットと話した。アディブ氏はアメリカのフロリダで働いていた、という。そこで中古のセスナを買い、ベネズエラまで持ってきてプエルト・アヤクーチョで飛行機会社を興《おこ》した。そんなわけで彼は英語が上手《じょうず》だ。スペイン語ができない、こちらの意思《いし》が通《つう》じて運《うん》がよかった。このジャングルの滑走路はキリスト教のミッショナリー（宣教師《せんきょうし》）がつくったのだ、との説明を受けて納得《なっとく》した。一休《ひとやす》みしたので、再《ふたた》び離陸だ。

水上ボートバスは人々の足。川は道路でもある。コロンビア国境近くのオリノコ川。

アメリカのフロリダから持ってきた中古のセスナに給油するアディブ氏

ポリタンクに入ったガソリンにホースを入れ、口で吸ってから翼の燃料タンクに入れる。

雲がだいぶ少なくなったように感じたが、それでも雲は多い。雲の間から二つめのシャボノが見えたが、それにも人が住んでいない。中庭の草の状況からつい最近住居を移《うつ》したばかりだ、と思われた。アディブ氏も、おかしいな、と首をかしげている。もう一つ見つけたが、それも無人《むじん》のシャボノだ。少し落胆《らくたん》する。シャボノの形は写真に撮《と》ったが、それは打ち捨《す》てられた形で、もはや人は住んでいない。

ベテラン・パイロットは、しかし諦《あきら》めなかった。プロフェッショナリズムが彼の背中から感じられて頼《たの》もしかった。そのうちエンジン音の中で彼が叫《さけ》んで下を指さした。人が住むシャボノをついに発見した。まず上空《じょうくう》をひとまわりした。そして、次は急降下《きゅうこうか》に入った。

シャッター・スピードを早くしたいのでフィルムを増感現像《ぞうかんげんぞう》する（普通のフィルム感度をあげて現像で調節する）ことにして一段早い速度に設定した。窓からレンズを出すと風圧《ふうあつ》でブレてしまうのでレンズを出さないようにして夢中《むちゅう》でシャッターを押した。手ごたえはあったが、上昇《じょうしょう》してからアディブ氏はなにも言わないのに再び急降下に入った。そして違う角度からの急降下を繰《く》り返した。四回目の急降下は、角度がかなりきつい。垂直《すいちょく》に近い感じだ。充分《じゅうぶん》に手ごたえがあったのでアディブ氏の肩をたたいた。満足感にひたりながらプエルト・アヤクーチョを目指《めざ》して飛行機はジャングルの上を漂《ただよ》う蚊《か》のように飛んだ。

飛行場に着き飛行機から降《お》りるとすぐに機関銃《きかんじゅう》を持った数人の兵士に取り囲《かこ》まれて、うむを言わさずトラックの荷台《にだい》に座らされた。アディブ氏は、三時間のフライト・プランなのに七時間も飛んでいたので、なにか金《きん》の密輸《みつゆ》とかブラジルから越境《えっきょう》してきたガリンペイロと接触《せっしょく》したのではないか、というのが連行《れんこう》される理由だ、と言った。アディブ氏は司令官《しれいかん》を個人的に知っているので、俺《おれ》から説明しておく、と言ってくれた。が、現場の兵隊たちは規則に従《したが》って違反者《いはんしゃ》を連行しなければならない。

トラックで司令官の部屋に連《つ》れて行かれたが、司令官は昼寝中でいない、という。アディブ氏があとで説明してくれる、と思い、兵隊たちに、ここで待っていても仕方《しかた》がない、腹も減《へ》ったのでホテルに帰る、といってホテルの部屋番号を教え、司令官の部屋を去《さ》った。タクシーでホテルに帰ってずいぶんと遅い昼食をとって、昼寝した。夕方、アディブ氏のオフィスに行き料金を払ったが、彼は飛行延長《えんちょう》料金は請求《せいきゅう》しなかった。

日本に帰国して大事に持ち帰ったフィルムを、増感現像《ぞうかんげんぞう》に指定して現像所に出した。仕上《しあ》がりを見て、非常によく写《うつ》っていたのでアディブ氏に感謝した。シャボノをここまで急降下して撮《と》った写真は今までなかったと思う。

シャボノは一五家族ほどが屋根の下にハンモックを吊《つ》るして住む家だ。皆が向き合って

右：雲間に姿をあらわしたシャボノに最近までヤノマミの人々は住んでいたが、無人だった。
下：急降下を何度も繰り返して撮れた森に浮かぶシャボノ。人間もいるが犬もいた。

住む中庭は共同の空間なので、プライベートの空間は森の中、ということになる。森と人との関係がわかりやすい形になっている、と思う。

その後、アメリカの雑誌のレポートでオリノコ川上流ジャングルのヤノマミ族が、違法《いほう》に金《きん》を掘《ほ》る、ブラジルから越境《えっきょう》してきたガリンペイロのため迫害《はくがい》されている、という記事があった。そのレポートにあったシャボノの写真を見た。それは側面上空から撮《と》ったもので、アディブ氏の急降下の写真の迫力《はくりょく》には、到底及《とうていおよ》んでいなかった。

3 壁のない家

オリノコ川デルタ（三角州）に住むワラオ族の家を探《さが》す目的でベネズエラに着いた。一〇年以上前、上流のブラジル国境近くでヤノマミ族の森の中の家を飛行機で苦労《くろう》して探したことを思い出した。首都のカラカスで一泊し国内線の飛行機を乗り継《つ》ぎデルタにある小さなトゥクピタという町に着《つ》いた。ここで舟をチャーターしてデルタの出口に近い部分に行く予定だった。

今回はワラオ族についてたいした情報もないので、とりあえず現地に行き、そこで情報を集めて徐々《じょじょ》に目的に近づいてゆく、という取材方法だ。デルタのどの町に行けば、デルタ下流、そして海岸線近辺に行ける舟がつかまえられるか、わからなかった。勘《かん》を働かせてまず、トゥクピタに行ってみよう、と思っていた。オリノコデルタの地図を穴のあくほど見て場所を決めたのだ。ワラオ族はデルタの先《さき》の海の浅瀬《あさせ》にも住んでいるようだ、ということも考慮《こうりょ》した。はたして、このトゥクピタから舟はあるのかが心配《しんぱい》ではあった。

トゥクピタにある程度《ていど》の良いホテルは町から少し外《はず》れたところにあった。そこに泊《と》まると町、つまり情報から隔離《かくり》されるので、町なかの普通《ふつう》のホテルに泊まった。そこはホテル自体が鉄格子《てつごうし》で囲《かこ》まれている。客は鉄格子にある小さな扉《とびら》から出入りする。その様子《ようす》でトゥクピタの町の状況《じょうきょう》が少し分かった。

現地通貨《つうか》を当分《とうぶん》使うぶんだけカラカスで両替《りょうがえ》してきたが、足《た》りなくなっていた。この町の銀行でそれをしようとしたが午後だったので閉《し》まってしまっていた。食事などに困《こま》るので町の両替屋を探し、とりあえず小額《しょうがく》の両替をした。次の日、銀行で正しく両替したほうが書類も揃《そろ》うのでよいのではないかと思い次《つぎ》の日、銀行を探すことにした。

次の日銀行に行くと閉まっていた。休日だそうで、それも連休三日間だ。両替屋に行っても店は閉まっていた。しかたなく歩いていると中華料理店があったので、そこで昼食をとった。こんな田舎町《いなかまち》に変な日本人が来たので店の人は怪訝《けげん》な顔をしている。こんな小さな町に登場した東洋人に驚《おどろ》いているようだ。こちらとしても、こんな田舎に中華料理店を発見し大《おお》いに怪訝《けげん》である。中華料理店の料理は、確かに美味《おい》しかったが、しかしながらこんな田舎町で料理屋だけで、やってゆけるのか、と思った。

彼らにどこの国から来たか、と聞かれたので「日本」と答えた。彼らの顔が少しゆるんだ。それなりの勘《かん》が働き、支払いの時、両替してもらえないか、と尋《たず》ねたら、すんなりと両替してくれた。為替《かわせ》レートは銀行よりはるかに良かった。この料理店は料理も美味《うま》いが、融通《ゆうずう》も利《き》く。休日でも、また銀行が閉まっていても、中華料理店に行けば両替してもらえることがある。

なんだかこの土地の事情がわかりはじめたような気がしてきた。そのあと町をブラブラ歩いているとデルタ方面にボートを出す店があった。このシーズンは客がいないので安くする、という。ワラオ族の家の写真を撮《と》りたいが、と言って相談《そうだん》した。デルタ下流にはワラオ族が住んでいるので、わざわざ探さなくても簡単に訪《おとず》れることができるよ、という。四泊五日、食料や水、宿泊《しゅくはく》のことなどの費用《ひよう》を聞いた。少し考えてから、ここで舟、ボートをチャーターしよう、と決めた。

泊まっているホテルのオーナーは英語を話す黒人の老人《ろうじん》で、ジャマイカ出身だ、という。デルタ下流への旅で不要《ふよう》な荷物《にもつ》を預《あず》かってくれ、と言うと快諾《かいだく》してくれた。出発の日、荷物をまとめて彼に持ってゆくと、荷物室でなく、彼の居間《いま》の奥に置いてくれ、という。不思議《ふしぎ》なことに彼の居間にはオーディオセットが置いてあり、クラシック・レコードが数多く並んでいた。こんな田舎《いなか》町でクラッシック？　何だか謎《なぞ》ではあった。彼の名前はルークだ。日本の東京に同じ名前の聖路加《せいろか》病院（St. Luke's International Hospital）があって、そこに友人が入院していて見舞《みま》いに行ったことがあるので、彼の名前が印象《いんしょう》に残り、今でも覚えている。

約束の日ボート屋に行くとゆっくりと旅の準備が始まった。ボート屋の若い青年は英語が上手《じょうず》だ。彼は、私のほかに客がいないのでボート屋の家族も一緒《いっしょ》に連《つ》れてゆきたい、と船頭《せんどう》が言っていて、それでもいいだろうか、と打診《だしん》してきた。子どもたちは可愛《かわい》いし、旅が楽しくなるのでもちろん承諾《しょうだく》した。

舟着《ふなつ》き場《ば》はにぎやかだった。船頭の奥さんをはじめ子どもたちが乗ってきて水や食料が積《つ》まれた。子どもたちは遠足《えんそく》気分だ。

ボートは故障《こしょう》のときのため規則でエンジンを二つ積《つ》まなければならない、という。万が一、一台のエンジンが故障したらオリノコ川を漂流《ひょうりゅう》することになる。英語の上手《じょうず》な若い男往々《おうおう》にして、流しのボート屋を雇《やと》うのは危険《きけん》だ、という。実際、ドイツ人が言うには、安いからといって、流しのボート屋を雇うのは危険だ、という。

そういう舟はエンジンが一つで、エンジン故障に対する保証《ほしょう》がない、という。実際、ドイツ人が一つエンジンの舟でデルタに行き、故障して漂流し、大がかりな捜索《そうさく》が行なわれたことがあるらしい。

実際、二台のエンジンがない舟は正式な営業とはいえず、一台のエンジンで営業する店は、モグリなので船旅の安全とは別の意味の危険もある、と言っていた。

こちらはエンジンが二つ、そして家族も一緒《いっしょ》だ。いろいろな意味での危険から守られている、と判断した。その他、デルタのマラリア、ワニ、人食い魚ピラニアのことなどを聞いたが若い男は、出発準備に忙《いそが》しく、そんな話には取り合ってくれなかった。船頭《せんどう》と若い男に水路《すいろ》に家があったら舟を接岸《せつがん》し、上陸してその付近を歩くぞと確認し、念《ねん》を押した。言わなくても分かっていることだが、再度確認した。

トゥクピタはオリノコ川の本流ではなく、本流から北に流れる支流《しりゅう》にある。その支流は、扇《おうぎ》のように広がるオリノコデルタ北部を大西洋《たいせいよう》に向かって流れカリブ海の南に浮かぶ独立国、トリニダード・トバゴの向かい近くに出る。トリニダード・トバゴはトリニダードとトバゴの二つの島から成《な》り立っている。ちなみにオリノコデルタの南東はガイアナに接する。

トゥクピタを出発したが、この支流は本流の水量と海の満《み》ち干《ひ》に影響《えいきょう》され、川を下《くだ》るうちに海の満ち干の影響と川の水量がせめぎあう微妙《びみょう》な流れになる。こちらは川を下っているのだ、と思い込んでいるので非常に不思議《ふしぎ》な感覚だ。

ワラオ族の住む河口《かこう》近辺はオリノコ川が枝分《えだわ》かれした水路がまさに網《あみ》の目のようになっている。海の満《み》ち干《ひ》の影響が非常に強い。初日に泊《と》まった村の前を流れる水を舐《な》めてみたが、少し塩からい。ここに来るまでに七、八時間、川風に当《あ》たっていたので少々疲《つか》れている。夕方になるとさまざまな鳥が木に静かに止まっているのが見える。一緒《いっしょ》に来た青年に、「ここにマラリアの蚊《か》はいないのか」と聞くと「ここでマラリアなんか聞いたことがない」という。

食事のあとほんの少々の水でシャワーを浴《あ》びた。夜は電気もなくてロウソクだけだ。不思議なことに蚊《か》がいない。寝《ね》るところはハンモックだ。静かで昼間の暑さが嘘《うそ》のように涼《すず》しい。ハンモックで寝るときは、ほんの少し横にずれ、斜《なな》めになると眠りやすい、と昔聞いたことがあったので試《ため》した。

川のそばの森の中で非常によく眠《ねむ》れた。眠りにつく時は、鳥も動物も木も一緒《いっしょ》に眠るのだ、という感覚に包《つつ》まれる。そして夜行性の小動物が動く気配《けはい》もして、森という世界に包まれたような安心感があった。自然のサイクルが回っているので、涼《すず》しいし、自分もそのサイクルの一員になった、としか表現できない気分で眠れた。

網《あみ》の目のように複雑な、いくつもの水路をボートで回った。途中《とちゅう》、家があると着岸《ちゃくがん》して、家の中を見せてもらって写真に撮《と》った。家といっても屋根だけだ。ジャングルから切り取ってきた木で骨組《ほねぐ》みをつくり、屋根に椰子《やし》の葉を並べれば家のできあがりだ。家には床《ゆか》はあるが壁《かべ》がない。壁がないのは、一見《いっけん》変に思えるが、ワラオ族の家は運河《うんが》に面していて、彼らにとって水路はまず、道路だ。そして水路が合流するところが漁場《ぎょば》だ。彼らはジャングルを知りつくしているので、壁がなくても外敵《がいてき》にたいして安全だ。

オリノコ川上流のヤノマミ族の家は上空から見ると一族が円形になって住み、プライベート空間は森の中だ、と思ったが、実際森とともにハンモックで寝て、森の包容力《ほうりようりよく》を実感すると、森は確かに空間として安心できる。森も家の一部なのだ。

ワラオ族の家のまわりを歩いたが、一緒に来てくれた人が木の蔓《つる》をたぐりよせ、作業刀で切った。そして木の上に伸《の》びている部分の切り口を口に入れて蔓《つる》が溜《た》め込《こ》んだ水を飲ん

ボートは貸し切りで船頭一家も同行。子どもたちと一緒の楽しい旅が始まった。

オリノコ・デルタ下流の水路の水は塩からい。海の満ち干に影響され、水位は変わる。

ハンモックは夜には空中ベッド、昼はソファーになる
（丸太の床を裸足で歩くと足の裏が気持ちよい）。

で、私に勧《すす》めてくれた。蔦《つた》からの水はクセのない味だった。

彼らは森の中を開墾《かいこん》してタロ芋《いも》を植《う》えている。オコモ・チーノといって中国の芋、と呼んでいるが、それが彼らの主食《しゅしょく》だ。魚は獲《と》りたいときに、水路でいつでも獲れる。水路の水は海の潮《しお》の満《み》ち干《ひ》で塩分《えんぶん》を含《ふく》んでいることが多いので、森の中に二〇〇〜三〇〇メートル入っていって地面を掘《ほ》ると真水《まみず》が手に入る、という。

ここでは森と人間がバランスよく共生《きょうせい》している。森や水路近くで採《と》れるパルミートという椰子《やし》の若芽《わかめ》の先《さき》を切り取り、水路に集積《しゅうせき》しておくと、缶詰《かんづ》め工場のボートが集めに来る。工場ではパルミートを水煮《みずに》して缶詰めにする。缶に入ったパルミートはタケノコのような味でベネズエラをはじめ南米《なんべい》各地でサラダの材料として消費《しょうひ》される。そしてパルミート採取《さいしゅ》はワラオの人たちのささやかな現金収入となっている。

午前中に通った水路が午後には干上《ひあ》がっている。これも海の満《み》ち干《ひ》のためだ。他を回って再《ふた》び同じ水路に来ると、水がヒタヒタと水路に満ち始めている。海の満ち干は月齢《げつれい》と関係がある。ワラオの人たちは、そのカレンダーも頭、身体《からだ》で知っているのだ。

コロンブス一行《いっこう》が第四回目の航海でオリノコデルタの沖《おき》に船の錨《いかり》を下《お》ろした。彼らはオ

森と一緒の生活に壁はいらない。家は究極、椰子の葉で葺(ふ)いた屋根だけでよい。

舟付き場のある村の夕方。夜は鳥、ワニと一緒に眠る。夜行性の小動物が動き回る。

リノコ探検《たんけん》をするのに最初に流域に住むワラオ族を捕《と》らえようとした。しかしワラオ族は複雑な水路を使って縦横無尽《じゅうおうむじん》に舟を漕《こ》ぎ、逃げきったという。結局コロンブスたちは一人のワラオ族も捕《と》らえることができなかった。五〇〇年以上前の話だ。

この日は、ちょうど新月《しんげつ》だった。宿泊しているところのワラオの人が水路を見に行こう、という。小さな丸木舟に乗って暗い水路探索《たんさく》に出かけた。懐中電灯《かいちゅうでんとう》で森を照《て》らすといろいろな鳥が木に立って眠っていた。水路を照らすと赤い目が光っていた。ワニが寝ているのだ。森と水路には大小の動物や鳥の気配《けはい》が漂《ただよ》っている。水路の散歩《さんぽ》から戻りその日もハンモックを吊《つ》るしてその中に身体《からだ》を投げだした。前の日に比べ、周辺の水路や森を知ったので、圧倒《あっとう》的な自然にワシ摑《づか》みされたような気分で自分もその一部だと思いつつ、これが眠りだ、といわんばかりの森や自然の命令に従《したが》って深く眠った。

次の日も水路とワラオの人々の家を巡《めぐ》った。途中愉快《とちゅうゆかい》な家を見た。キリスト教の伝道《でんどう》にきた、いわゆるミッショナリー（宣教師《せんきょうし》）の人たちがデルタに家をつくろうとした。彼らは鉄筋《てっきん》コンクリートで家をつくり始めた。その形ができて完成に近づいたころ、家はみずからの重みで徐々《じょじょ》に湿地《しっち》のデルタの土壌《どじょう》に沈《しず》み始め、上部を少々残してほとんどが地中に姿を消していた。オリノコデルタに近代的な家をつくろうとした失敗の例は、近代社会の墓標《ぼひょう》に見えた。

とある水路の合流点に大きなヨットが数艘停泊《すうそうていはく》していた。ヨットの手入れをしている人たちと話したら、大西洋《たいせいよう》を渡ってきた、という。一体《いったい》、大西洋はどのくらいの日数で渡れるのだろうか。風をうまく捉《つか》まえれば、太平洋《たいへいよう》と違って意外に早く両大陸を行き来できるのだろう。そうでないと大航海時代《だいこうかいじだい》に頻繁《ひんぱん》とも思える航海が行なえなかった、と思う。アフリカから帆船《はんせん》でひんぱんに奴隷《どれい》を運搬《うんぱん》してきたことを思った。ヨーロッパから来たヨットを見て、大西洋の広さを思い、世界史の中の出来事に少し実感を持てたような気がした。

そのうちの一艘《いっそう》に乗るスイス人は、大西洋をコンクリートでつくったヨットで横断《おうだん》しようとした時、悪天候《あくてんこう》で沈《しず》んでしまって浮《う》き輪《わ》に摑《つか》まって漂流《ひょうりゅう》した、という。そこにちょうど日本のマグロ船が通りかかり、救助《きゅうじょ》してもらった。その船の名は「ダイセイマル」。スイス人は「ダイセイマル」に助けられ、マグロの漁《りょう》に付き合いながら港に連《つ》れて行ってもらった、という。彼は日本人の能率《のうりつ》的な漁のやり方に、驚《おどろ》いた、と言った。大西洋がどれほどの広さなのか、時間があったら文献《ぶんけん》で調べてみよう。地図の大きさでなく、昔、帆船《はんせん》の時代に何日で航海したかに興味《きょうみ》がある。

トゥクピタに戻り、ルークのホテルに帰って、預《あず》けていた荷物を受け取ろうとした。ルークは居間《いま》で一人、静かにクラシック音楽を聴《き》いていた。

デルタに住むワラオの人たちは約二万人だ。自分たちの生活に自信があるからだろうか、おだやかで優《やさ》しい人々だ。東京の生活に疲《つか》れたら、ワラオの人たちに会い、そしてハンモックで眠るためだけに、またオリノコデルタに行きたいと思う。

しかし近年、デルタ下流と近くの海底《かいてい》に有望《ゆうぼう》な原油《げんゆ》が眠っていることがわかり、このあたりは騒《さわ》がしくなってきた。ワラオの人々の静かで平和な生活も石油の掘削騒動《くっさくそうどう》にさらされるのだろうか。

郵便はがき

おそれいりますが切手をおはりください。

101-0052

東京都千代田区神田小川町3-24

白水社 行

購読申込書

■ご注文の書籍はご指定の書店にお届けします．なお，直送をご希望の場合は冊数に関係なく送料300円をご負担願います．

書名	本体価格	部数

★価格は税抜きです

(ふりがな)

お名前 (Tel.)

ご住所 (〒)

ご指定書店名（必ずご記入ください）	取次	（この欄は小社で記入いたします）
Tel.		

『地球のカタチ ぼくの家は「世界遺産」』について	(3172)

■その他小社出版物についてのご意見・ご感想もお書きください。

■あなたのコメントを広告やホームページ等で紹介してもよろしいですか？
1. はい（お名前は掲載しません。紹介させていただいた方には粗品を進呈します）　2. いいえ

ご住所	〒　電話（　　　）		
(ふりがな) お名前	（　　歳）1. 男　2. 女		
ご職業または学校名		お求めの書店名	

■この本を何でお知りになりましたか？
1. 新聞広告（朝日・毎日・読売・日経・他〈　　　〉）
2. 雑誌広告（雑誌名　　　）
3. 書評（新聞または雑誌名　　　）　4. 出版ダイジェストを見て
5. 店頭で見て　6. 白水社のホームページを見て　7. その他（　　　）

■お買い求めの動機は？
1. 著者・翻訳者に関心があるので　2. タイトルに引かれて　3. 帯の文章を読んで
4. 広告を見て　5. 装丁が良かったので　6. その他（　　　）

■出版案内ご入用の方はご希望のものに印をおつけください。
1. 白水社ブックカタログ　2. 新書カタログ　3. 辞典・語学書カタログ
4. 出版ダイジェスト《白水社の本棚》（新刊案内・隔月刊）

※ご記入いただいた個人情報は、ご希望のあった目録などの送付、また今後の本作りの参考にさせていただく以外の目的で使用することはありません。なお書店を指定して書籍を注文された場合は、お名前・ご住所・お電話番号をご指定書店に連絡させていただきます。

4 壁絵のある家

ネパール低地《ていち》と国境を挟《はさ》んだミティラー地方の素朴《そぼく》な壁絵《かべえ》がある家の姿を撮《と》りに行きたかった。

ネパールのミティラー地方はヒマラヤ山脈《さんみゃく》がインドに落ちるところにあり、インド国境に沿《そ》って細長く伸《の》びている。この平地《へいち》はタライ平原《へいげん》といわれ、ネパール領《りょう》だがインドの影響《えいきょう》が濃《こ》い。

まずカトマンズに飛んだ。最初にこの町に来たのは一九七〇年の一二月だった。当時は首都だ、というのに電気もなく、町のほんの一部の王宮《おうきゅう》のまわりだけに電気があった。当時のカトマンズは夜になると真暗《まっくら》で、町の家々の蠟燭《ろうそく》の赤い火が印象的《いんしょうてき》だった。暗い町を歩きながら遠い異国に来たのだなあ、としみじみ感じた。

今では電気はもちろんのこと、観光客が押し寄せる賑《にぎ》やかな通りがあり、昔が嘘《うそ》のようだ。小高《こだか》い丘の上から目玉が見下《みお》ろし、猿《さる》が住む、俗称《ぞくしょう》目玉寺のスワヤンブナートやネパール最大の仏塔《ぶっとう》が建《た》つボダナート、聖なる川ガンジスの支流、バグマティ川の川岸にあるネパール最大のヒンドゥー教寺院のパシュパティナートなどはカトマンズから離れてあり、最初来たときは畑のなかをトボトボと歩いて通ったものだ。

今ではカトマンズは大都会になって町並《な》みはスワヤンブナート、ボダナート、パシュパティナートまで伸《の》びている。数十年の時間が経《た》っているので当たり前だが、浦島太郎の話が現実になったような気分がする。最初に訪《おとず》れたときの記憶が頭にこびりついていて、何度来ても同じことを思う。カトマンズは今ではネパール各地から人が押し寄せ、住宅バブルの状態だ。耳に、どこか遠いところの町という語感《ごかん》の「カトマンズ」という響《ひび》きはもう過去《かこ》のものとなった。

目的のジャナクプルの町は飛行場のあるビラトナガルからバスで近い。賑《にぎ》わう街角《まちかど》の旅行会社でビラトナガルまでの飛行機の切符を買った。雑踏《ざっとう》のカトマンズには長く居《い》たくなかった。航空《こうくう》会社は Buddha Air つまり「仏様《ほとけさま》航空」ということになる。乗るとき、お焼香《しょうこう》をしてから乗るのかな、という思いが頭をかすめた。

飛行機はカトマンズからタライ平原のビラトナガルに下《お》りてゆくだけでいいのである。カトマンズの標高《ひょうこう》は一三五〇メートル、タライ平原は二〇〇メートル前後だ。飛行機は離陸《りりく》してゆっくり下降《かこう》してゆけば目的地に到着する。

ビラトナガルからバスでジャナクプルに向かった。人口《じんこう》約六万人弱《じゃく》の小さな町、ジャナクプルにはタクシーがなかった。二一世紀に入ったのに、車のない町があるのか、と疑問に感じた。役所《やくしょ》の公用車がほんの少し走っているだけだ。タクシーはないが三輪の人力車《じんりきしゃ》が多い。この風景を見ていると何十年か前にタイムスリップした気分だ。大きく変貌《へんぼう》したカトマンズから来て、再《ふたた》び時間がもとに戻ったような気分がした。一九七〇年代のジャナクプルに迷い込んだのだ、と言われてもおかしくはない。

良い感じのレストランがあるにはあるが、普通の人が食事する店で食べたかった。小さな店に入ってこのあたりの人が普通に食べているダルバートという料理を頼《たの》んだ。それはお皿の上に米と何種類もの野菜を煮《に》たもの、揚《あ》げたものなどのおかずが載《の》った料理だ。肉類はなく、豆、菜っ葉《なっぱ》の煮物《にもの》、タマネギを切ったもの、苦瓜《ニガウリ》の揚げ物などが皿の上に並ぶ。苦瓜が美味《おい》しかったので平《たい》らげたら、皿の上に再び苦瓜が載《の》せられた。座って一皿を頼むと、米もおかずもお代《か》わりは自由なのだ、とわかった。それにしても料理は手がかかっており、美味しかった。素朴《そぼく》な材料を丁寧《ていねい》に料理した食事を食べて、この土地の人々の慎《つつ》ましやかな生活の一端《いったん》を見た思いがした。

ジャナクプルの町の郊外《こうがい》の村を歩いて見に行くことにした。舗装《ほそう》していない道を歩いていると、ほんのり赤い素焼《すや》きの半円瓦《はんえんがわら》が載《の》った家がでてきた。村に入ると壁に絵が描かれている家が多くなった。

この絵は三〇〇〇年の昔から村の女性たちが日々の祈《いの》りをあらわすため描いてきた、という。絵のモチーフは月、太陽、森、木、鳥、象、犬、少し抽象《ちゅうしょう》的な模様《もよう》などだが、それらは極彩色《ごくさいしき》の色で描かれている。

太陽神《たいようしん》のスーリヤや月の神様チャンドラ、ヒンドゥー教の神様のシヴァやパールヴァティーなども絵の素材として登場する。農村生活にかかわる絵の素材にヒンドゥー教の神様が加《くわ》わっているのが自然に思える。

村の家々は実に簡素《かんそ》にできていて、家そのものが無理なく地面から生《は》えている、と言うのが一番適切な言い方だろうか。家をつくる素材は、近くに生える雑木《ざつぼく》を柱とし、竹で編《あ》んだ壁に薄《うす》く泥《どろ》を塗《ぬ》っている。日本の壁はしっかりとした構造の壁部分に木舞《こまい》という泥壁《どろかべ》を支《ささ》えるものを竹やヨシで組《く》む。その木舞にはある程度の長さに切られた、縄《なわ》がぶら下げられ、それに泥が絡《から》みついて乾燥《かんそう》し、泥壁が落ちないように支えるようになっている。

それに比《くら》べミティラー地方の村の家の壁は薄《うす》くて、紙のように頼《たよ》りない。

村を歩いていて太陽の光線《こうせん》が強かったので日陰《ひかげ》を探《さが》した。つくりかけの家に入れてもらい、少し休んだ。日本人がめずらしいのか数人の子どもたちがこちらを見ながらまわりに座る。つくりかけの壁を見ると竹の枝も組み込んであった。壁を塗《ぬ》っている途中《とちゅう》なので塗り残してある部分が窓のようになっていて、そこに竹の枝が無造作《むぞうさ》に出ている。この空間で休んで非常に落ち着いた気分になった。そこはまるで贅沢《ぜいたく》を排《はい》した日本の茶室に通《つう》じる空間であった。この村の家の壁は壁と言うには薄《うす》すぎる。外界《がいかい》と薄い泥壁で区切《くぎ》られた空間は内側と外側を明確に遮断《しゃだん》していなく、家がたまたま自然や土地に置かれているようだ。人々はその空間の中で家庭を営《いとな》み、子どもを育《はぐく》む。

村を歩いて、いくつかの家の中に入れてもらい内部を拝見《はいけん》した。みんな快《こころよ》く家の中を見せてくれた。家の床《ゆか》は土間《どま》、柱は真直《まっす》ぐでなく立ち木をそのまま使っているので曲がった木はそのままだ。つまり曲がった柱が多い。柱には泥が塗られていて、ほどよい高さに泥で小さな突起《とっき》がつくられている。それは小物《こもの》置きや蠟燭《ろうそく》などを置く場所だ。中庭《なかにわ》は土間《どま》だが泥《どろ》を水で薄《うす》く溶《と》いたものを手箒《てぼうき》で塗《ぬ》って、清潔《せいけつ》に保《たも》たれている。たまに手箒で泥の濃淡《のうたん》

上：素朴な泥壁に描かれた3000年の歴史があるミティラー・アート。絵は見てのとおりの象。

右：泥壁の絵を背景に米ワラを積んでゴザを敷き、座って休む。日暮れも近い。

上：立ち木と竹を組んで泥を塗っただけの壁に絵を描くだけで心豊かに暮らせる。

左：家の中庭のまわりには回廊がある。屋根を支える柱に泥で小物置きがつくられている。

をつけたささやかな模様《もよう》が描かれている家もあった。部屋の床も雑巾《ぞうきん》がけをするように泥を水で溶《と》いたもので表面が常《つね》に塗《ぬ》られ、きれいに保《たも》たれている。部屋の片隅《かたすみ》の泥でつくられた、簡単で小さなカマドの形がかわいらしい。

村から町に帰るのに三輪自転車のリキシャに乗った。リキシャ・マンはここではめずらしく英語を少し話す。リキシャの後部座席に乗っていると目の前にリキシャ・マンの筋肉《きんにく》が動くのが見える。少し坂になっているときは腕《うで》に力が入るので肩の筋肉が張《は》る。汗をかきながら三輪自転車をこぐ人の後ろに座って楽をしているのは、なんだか悪い気がし、居心地《いごこち》が悪かった。

彼と世間話《せけんばなし》をしながらホテルに着《つ》いた。英語を理解するリキシャ・マンはこの町でたぶん自分一人だ、という。彼は町の近くの村に住んでいる、と言うので、明日少し周辺の村を回って、その後彼の村まで行ってみたい、と言うと彼は了承《りょうしょう》した。次の日は彼を一日中貸《か》し切《き》りにすることにした。

リキシャに乗って近くの村を一つ訪《たず》ね、リキシャ・マンの村に向かった。道路が舗装《ほそう》されていなく、デコボコ道で彼が疲《つか》れた様子《ようす》だったので途中《とちゆう》で長く休んだ。疲れた彼の代《か》わりにリキシャをこいでもよかったが、それは彼の誇《ほこ》りが許《ゆる》さないだろう。第一、リキシャ・マンが後部座席に座り、客がリキシャをこぐ、なんて彼にとって世間体《せけんてい》が悪すぎる。

彼の村に着いた。彼の家も前日訪ねた村の家々と同じで竹の下地《したじ》に泥《どろ》を塗《ぬ》った壁、屋根には半円の素焼《すや》き瓦《がわら》が載《の》っている。瓦の重さで上から華奢《きやしや》な家を押さえている、という感じだ。壁には奥さんが描いた、とおもわれるミティラー画が描いてあった。

昼食の時間だったので彼の昼食に付き合った。つまり私も奥さんのつくった食事をいただいた。菜《な》っ葉《ぱ》のカレーと豆カレー、そして米の飯《めし》だ。家庭の味は店で食べる料理とは一味違って、どこか心温《こころあたた》かかった。

食後、村を案内《あんない》してもらった。素朴《そぼく》なこの村の家と同じつくりの学校があった。先生がいて、彼は英語を話したので村のことをいろいろ話してもらった。

村はずれでは牛の糞《ふん》をチクワのように棒《ぼう》につけて乾燥《かんそう》させていた。乾《かわ》いたら燃料《ねんりよう》にするのだろう。牛の糞は汚《きたな》いように思えるが、草が牛の体内を通過《つうか》したものなので乾かせば理想的な燃料になる。また、家の壁を塗《ぬ》る泥《どろ》に混《ま》ぜると泥の粒子《りゆうし》を繋《つな》ぐ繊維《せんい》として理想的だ。

ヒンドゥー教のこの地方では牛は食べないが牛乳や糞が人々の生活に深くかかわっている。

ジャナクプルの町にはタクシーの姿がない。そのかわり数多くの人力の三輪車が走る。

人力車の運転手(?)の家に連れて行ってもらった。写真を撮るのでジーンズとTシャツ。

水牛《すいぎゅう》はヒンドゥー教でどういう扱《あつか》いなのか知らないが、これまた畑や田んぼを耕《たがや》す力仕事をするのに欠《か》かせない動物だ。村の周辺には農業灌漑《かんがい》用の池が多い。夕方になると子どもが仕事を終えた水牛を引《ひ》っ張《ぱ》り、池で水浴《みずあ》びさせる光景《こうけい》を見る。学校を終えた子どもの家事《かじ》手伝いだ。水牛は日本では沖縄《おきなわ》、奄美《あまみ》地方を除《のぞ》いて見ることができないので、我々《われわれ》にはあまりなじみがないが、世界中でトラクターのように力仕事に使われている。しかし、なぜ水に浸《つか》かるか、そうしないと水牛の健康を保《たも》てないのだろうが、読んで字のごとし、水の牛なのである。このあたりの米は年に二度は獲《と》れる。村のまわりの畑では米の収穫《しゅうかく》が行なわれていた。

ジャナクプルに戻ると太陽神スーリヤに祈《いの》りをささげる祭り、チャット・パルヴァが始まった。町のまわりに数多い沐浴《もくよく》池に供物《くもつ》を持った女性が日の出前、そして日没《にちぼつ》前に腰《こし》まで水に浸《つか》かって太陽に向かって祈りをささげる。水の中で静かに太陽に向かって祈りをささげる女性たちを見て、自然に感謝しながら家に絵を描き、生活する人々のことが、少しわかった気がした。

カトマンズへの帰路《きろ》、ビラトナガルから再《ふたた》び Buddha Air「仏様航空《ほとけさまこうくう》」の翼《つばさ》が上にある、ドルニエ二八型機に乗った。今回は標高約二〇〇〇メートルから一三五〇〇メートルまで上昇《じょうしょう》して、そのまま着陸《ちゃくりく》だ。飛行機は上昇し、立体地図をなぞるように飛んだ。しばらくすると右手に世界の屋根ヒマラヤ山脈《さんみゃく》の八〇〇〇メートルを越えるエヴェレスト（サガルマタ）、チョー・オユー、ローツェ、マカルー峰《ほう》がよく見えた。

5 泥の厚い壁

ナイジェリア北部の町、カノに行くことにした。普通、ナイジェリアに行くのは、空路《くうろ》でナイジェリア南部の都会《とかい》、ラゴスから入国《にゅうこく》する。しかし調べてみるとエジプトのカイロからエジプト航空《こうくう》が週三便《びん》、北部の町カノまで飛んでいることがわかった。

取材の一ヶ月前から、毎日飲んでいた酒、おもにビール、を絶《た》った。身体《からだ》の調子を良い状態に保《たも》ちたかったからだ。

ナイジェリアには昔から行きたかったが、どうにも足が向かなかった。気がおもかったのだ。ナイジェリア最大の都会、ラゴスに行った何人もの人たちから、混沌《こんとん》とした町の状況《じょうきょう》を聞いていたからだ。

一〇年ほど前、ナイジェリアに行こうとして、外務省《がいむしょう》の海外安全情報を調べた。当時はインターネットも今ほど普及《ふきゅう》していなかったので、ファックスで情報を取り出した。そうすると、危険な情報が終わることなく出てきてファックスのロール紙がなくなってしまった。新しくロール紙を入れて「詐欺《さぎ》の手口《てぐち》」という項目《こうもく》を取り出そうとして、その番号をセットした。スタートボタンを押すと、詐欺の手口、騙《だま》された例が終わることなく出てきて、これまたファックス用紙がなくなってしまった。

アフリカに行くとき、まず気をつけなければならないことはマラリアに対する準備だ。ハマダラ蚊《か》に刺《さ》されて感染《かんせん》するマラリアには四種類あるが、そのなかで一番危険なのは熱帯熱マラリアで、罹《かか》ったら迅速《じんそく》、適切《てきせつ》に対応《たいおう》しないと短期間で重症化《じゅうしょうか》し、死にいたる。ハマダラ蚊が産卵《さんらん》のため人の血を吸《す》うが、蚊の唾液腺《だえきせん》にたまっているマラリア原虫《げんちゅう》が人の体内に入る。体内に入った原虫はいったん肝臓《かんぞう》に入り込み分裂《ぶんれつ》して増殖《ぞうしょく》する。それが血液中に放出《ほうしゅつ》され赤血球《せっけっきゅう》などを破壊《はかい》する。また熱帯熱マラリア原虫は脳《のう》の血管《けっかん》などに張《は》り付き、脳症《のうしょう》を引き起こす。

マラリアの対策《たいさく》として、まず蚊に刺されないように蚊取り線香《せんこう》などを持ってゆくこと、できたら蚊帳《かや》も持ち歩く。適切な予防薬《よぼうやく》を服用《ふくよう》する、ということもあるが、その薬自体に副作用《ふくさよう》があるので気をつけなければいけない。

また、マラリアに罹《かか》った、と思ったときに服用する治療薬《ちりょうやく》を持ち歩くのは絶対といってよいほど大切なことだ。病院がある場合は、そこで検査《けんさ》して、マラリアの種類に合った治療をしてもらうのが一番だ。実際、自分の知り合いでマラリアに罹《かか》ったことのある人たちがかなりいるので、そんな人の体験や意見も聞いておく。

一番危険な熱帯熱マラリアの潜伏《せんぷく》期間は約一二日なので、取材自体は二週間、現地で発症《はっしょう》することは少ない、と思われる。しかし日本に帰国し、発症したときにすぐに診《み》てもらう専門の病院をしっかりと調べておかないと、手遅《ておく》れになることもある。

日本ではマラリアが今のところ発症例《はっしょうれい》がないので、普通の医者でマラリアを見抜ける先生が少ない、というのが現状だ。年をめされた先生でもマラリアについて勉強したのが第二次大戦、太平洋戦争のとき、南方《なんぽう》で日本兵が罹《かか》った実例にそくした勉強なので当時発見されていなかった熱帯熱マラリアについての知識のある先生は非常に少ない。外国旅行が一般的になっても、日本で死にいたる危険性のある熱帯熱マラリアの特効薬《とっこうやく》が認可《にんか》されたのはつい最近だ。

酒を断《た》ったのはマラリアに罹《かか》った時に肝臓《かんぞう》の機能にできるだけ負担《ふたん》をかけないこと、また酒を飲んで注意力が散漫《さんまん》になることを避《さ》けるためだった。

夕刻《ゆうこく》カイロの空港を飛び立った飛行機は砂漠《さばく》の上空《じょうくう》を延々《えんえん》と飛び、夜遅くカノの空港に着《つ》いた。入国審査《にゅうこくしんさ》でビザにスタンプを押してもらったが税関《ぜいかん》審査はまったくなかった。少し拍子抜《ひょうしぬ》けした。

カノはハウサ族が多く住む町でイスラム教の支配地区だ。ということはイスラム法の下《もと》、安全であることなのだが、数ヶ月前、キリスト教徒《きょうと》との激しい衝突《しょうとつ》があったばかりだった。いつものように行き当たりばったりでホテルを決めるのではなく、日本から電話とファックスでホテルを予約していた。また、ホテル紹介の運転手にも空港に迎《むか》えに来てもらっていた。普通、そんなことはしないのだが、到着《とうちゃく》が深夜《しんや》であること、ナイジェリアの治安《ちあん》などに一抹《いちまつ》の不安があったからだ。

ナイジェリアは英語が通《つう》じるので運転手と意志《いし》の疎通《そつう》もでき楽であった。予約したホテルは一九二〇年代からある由緒《ゆいしょ》あるホテルで、厚い泥壁《どろかべ》でつくられていた。そのホテルの近くに頑丈《がんじょう》な鉄柵《てつさく》で囲《かこ》まれたレバノン人経営の高級ホテルがあり、騒乱《そうらん》が発生したときは、そこに逃げ込むことも選択肢《せんたくし》の一つにしていた。

長年思い続けていたナイジェリアに着き、かすかな興奮《こうふん》とともに眠りに入った。

ナイジェリアはアフリカで人口《じんこう》が一番の大国《たいこく》で一億四千万人、日本のそれより少し多い。国土は日本の約二・五倍だ。西アフリカのギニア山中《さんちゅう》に源《みなもと》を発するニジェール川は水源から大西洋《たいせいよう》までたったの六〇〇キロほどなのにもかかわらず、逆の砂漠《さばく》を目指《めざ》して流れる。二〇〇年ほど前まで河口《かこう》がわからず、砂漠に消える川、といわれていた。ニジェール川はギニアからマリに入って砂漠に近いモプティで湿地帯《しっちたい》をつくり、トンブクトゥあたりで大きく東に湾曲《わんきょく》する。砂漠の縁《ふち》を流れてニジェールに少し入って、すぐにベニンをかすり、ナイジェリアでデルタ（三角州）をつくってギニア湾《わん》に流れ込む。全長四一八〇キロメートルだ。

カノに来たのは、一九八〇年代終わりにコートジボアールのアビジャンでイタリア人画家《がか》のアフリカの風景スケッチ画集《がしゅう》を購入《こうにゅう》し、その中にカノの生活風景画があったからだ。一五年以上心の中で思い続けていた町は、しかし画集で見た町と比《くら》べ、大きく変貌《へんぼう》していた。ナイジェリア北部のハウサ族の家は壁に彼ら独特《どくとく》の模様《もよう》が施《ほどこ》されており、家の屋根の四隅《よすみ》にはウサギの耳のような飾《かざ》りがある。その絵を見て、いつか必ずカノなどの北部地方を訪《おとず》れる、と心に決めていた。

カノは近代的な町になり、町全体を見下《みお》ろす丘《おか》に上《あ》がっても、あのウサギの耳のような屋根飾りのある建物は皆無、といってもよかった。イタリア人の画家が描いたカノは二〇年ほど前の姿だったのだ。それにしても、町の変貌《へんぼう》が早い。

求《もと》めていた形が見当たらず少し元気をなくした。それでも市場近くに伝統的な藍染《あいぞ》めをする作業所《さぎょうしょ》を見つけた。原アフリカの藍染め作業風景の活気《かっき》に嬉《うれ》しくなった。そこでは地面に深さ二メートルほどの素焼《すや》きの壺《つぼ》が埋《う》められていて、その中で藍《あい》の発酵《はっこう》が行なわれている。片隅《かたすみ》では染《そ》め上《あ》がった濃《こ》い色をした青い布を男二人で持って乾《かわ》かしている。二人が一〇分ほど風にさらしていると青い布は乾いてしまうのであった。敷地《しきち》内の小屋《こや》では、木の槌《つち》で乾いた布をたたいて光沢《こうたく》を出す作業の音が聞こえる。日本の自分の住むところから遠くない「砧《きぬた》」、という地名は、この布をたたく槌《つち》のことだ、と中学生のころ知った。「砧」まで多摩川の川原《かわら》に沿《そ》った道を上流に向かって自転車で通ったものだ、とアフリカ、ナイジェリアで思い出した。

町にはバイクが溢《あふ》れている。そのすべてと言ってよいほどが中国製だ。日陰《ひかげ》でバイクのそばで休む青年に調子《ちょうし》を聞いた。一年ほど乗っているが故障《こしょう》はまったくせず、快調だという。それは明《あき》らかに日本製バイクのコピーなのだが、値段は日本製と比べ物にならないほど安い、と思われた。第一、カノで日本製のバイクは一台も見なかった。青年に「日本製のバイクと中国製のそれとの違いを教えてくれ」と言われ、返答《へんとう》に困《こま》った。おのおのの違いは日本製のバイク価格が高く、中国製は安い、ということなのだが、それでは青年の問いの答えにはならない。

中国といえば、カノの町外《まちはず》れに中国の援助《えんじょ》でつくられているトラックの組み立て工場がほとんど完成していた。中国の国家パワーを非常に感じる。ナイジェリア南部ニジェール川デルタでは石油《せきゆ》が出るので、喉《のど》から手が出るほど石油がほしい中国が積極的な外交《がいこう》を展開している、と感じた。南部の石油の利権《りけん》は一九六〇年代の飢餓《きが》で知られたナイジェリアの内戦、ビアフラ戦争の大きな原因であった。現在でも南部ではパイプラインに穴をあけて石油を盗《ぬす》む、などの行為《こうい》が頻発《ひんぱつ》し、石油採掘《さいくつ》や輸出《ゆしゅつ》が麻痺《まひ》している、といわれている。

藍染《あいぞ》めの作業場風景を見て、少し元気が出てきたので旧市街《きゅうしがい》を歩いて、その奥にある丘に登ったが、やはり探《さが》している典型的なハウサ族の家は見当たらなかった。しかし、旧市街を歩くのは楽しかった。人々の生活に触《ふ》れられたからだった。身体《からだ》いっぱいにカノの町を感じて、取材はうまくゆきそうだ、という勘《かん》が強くなってきた。

宿泊《しゅくはく》しているホテルのオーナーと話をした。ホテルの建物はフランス人がつくった、とオーナーが語《かた》ってくれた。一九二〇年代、ここにフランス人のコミュニティーがあった、という。ホテルの厚い泥壁《どろかべ》はハウサ建築を取り入れてつくられ、夏涼《すず》しく、冬暖《あたた》かい、という。確かにホテルに入ると自然の冷気《れいき》が漂《ただよ》い、泥の建物のよさに触れられる。話はハウサの家のことになって、古い家はカノから車で二時間ほど南にある、古都《こと》ザリアに行けば見ることができる、という。その話を聞いて、その町に行ってみよう、と思った。

本当は公共交通機関で移動するのが好きなのだが、ナイジェリアではその勇気《ゆうき》がでない。ホテルの紹介の運転手と車を頼《たの》み、ザリアに行くことにした。しかし、帰路《きろ》は午後四時半ごろまでにカノに帰らないといけないらしい。夕方から夜になると道路に山賊《さんぞく》、または強盗《ごうとう》が出る、という。四時半というのは安全を最大限にとった時間だ、と解釈《かいしゃく》し五時半までには帰ればよいな、と決めた。

カノの雑踏《ざっとう》を抜け出すと畑が続く。途中《とちゅう》、真《ま》っ赤《か》な畑があった。車を止めてみると、それは乾燥《かんそう》トマトをつくっている風景であった。畑にトマトを並べ、軽くつぶす。一日もそのままにしておくと乾燥トマトができあがる。こんなつくりかたではトマトに泥《どろ》が付くだろう、と思うのは清潔《せいけつ》好きな人々が思うことであって、ここではトマトに付いた泥など気にしないのである。このトマトを煮物《にもの》などの料理に使うと、トマトに付いた泥は鍋《なべ》の底に沈《しず》む。料理を供《きょう》するとき、底をさらわなければ大丈夫《だいじょうぶ》だ。アフリカではたまにジャリジャリした料理があるが、その料理にたまたま入った泥や砂もアフリカの深い味だ、と思えばよい。自分はこういう大雑把《おおざっぱ》な作業を見るのが好きだ。

ザリアは歴史の古い町で中心にスルタンの宮殿《きゅうでん》がある。スルタンとはイスラム教の地方豪族《ごうぞく》のようなもので、ナイジェリアやニジェールのハウサ族の土地の町にまだ現存《げんそん》していて、それなりの勢力《せいりょく》を保《たも》っている。

旧市街《きゅうしがい》を歩いて、下見してから撮影《さつえい》することにした。歩いてザリアの町の雰囲気《ふんいき》を身に染《し》みつけよう、と思った。歩いていて、ハウサ族の伝統的な泥の家をいくつか見つけた。カノで姿が見られなくなった形がここ、ザリアにかろうじて残っている。家は泥を大量に使ってつくられ、壁の厚さは一メートルを越えるだろうか、圧倒《あっとう》的な量感《りょうかん》だ。

しかし、異常気象《いじょうきしょう》の雨のためか、厚い泥の家の一部が崩《くず》れているところが多い。カノに泥の家の姿が見られなくなっているのは、雨のせいかも知れない、という思いが頭をよぎった。泥の家は気候のきびしいこの地方に非常に適《てき》した建《た》て方だ、と思うのだが。

大きな家の内部に入れてもらった。入り口を入ったところにある広い玄関広間《げんかんひろま》に立つと、泥に囲《かこ》まれている、という安心感に包《つつ》まれた。そして広間の壁にはハウサの模様《もよう》が泥で施《ほどこ》されていた。それは鳥肌《とりはだ》がたつような素晴《すば》らしさであった。こういう空間を今まで経験し

左：ピット（壷）と呼ばれる場所は藍染め工房。深い壷で藍を発酵させて布をつける。

下：藍で深く染めた布を木槌でたたいて光沢をだす。リズムにのってポコポコたたく。

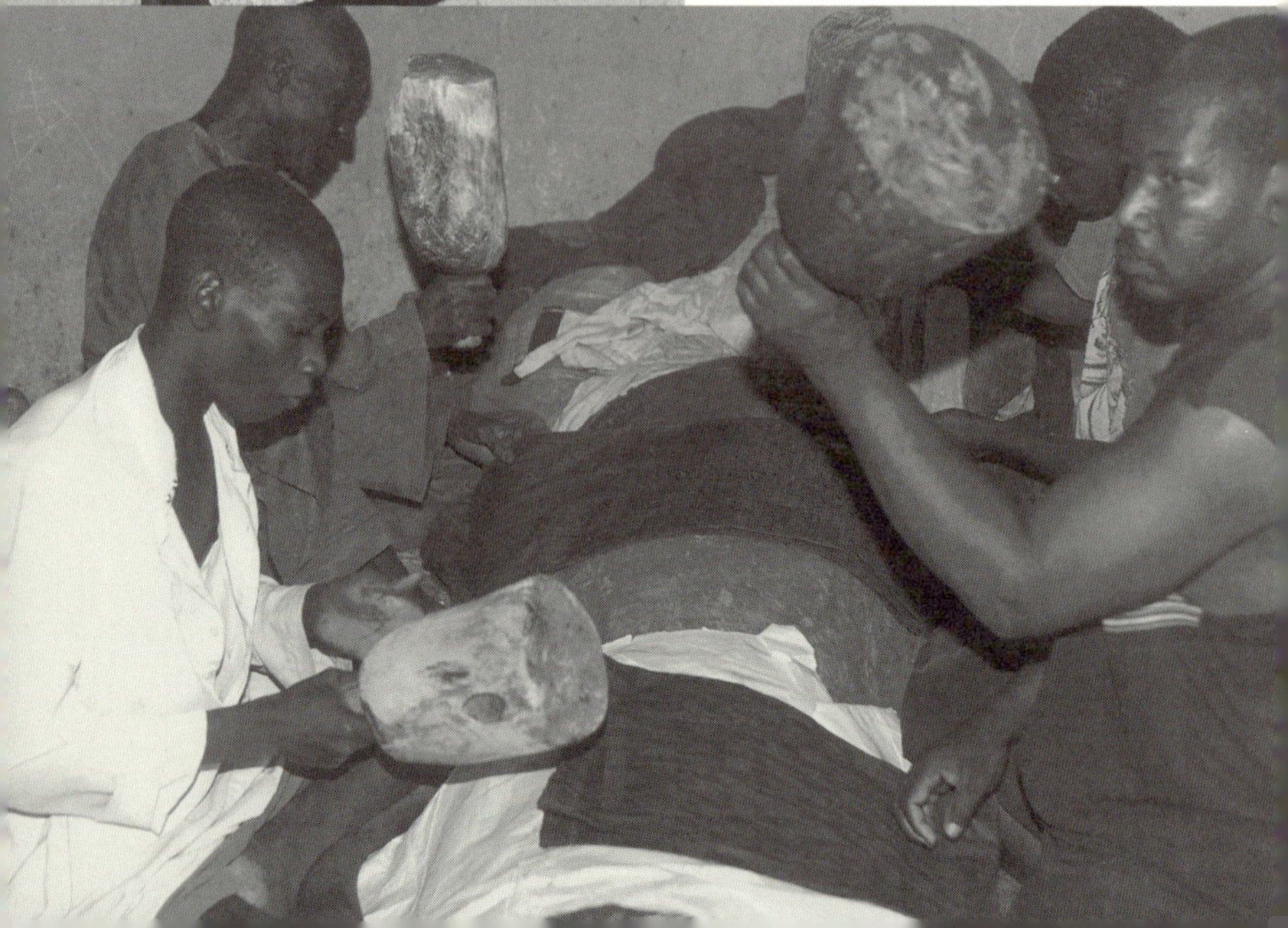

上：玄関を入ると広間がある。その壁には立体ハウサ模様が浮き出ていた。

右：ザリアの泥の家は日干しレンガを積んでつくられているが雨でくずれ落ちた部分も多い。

たことがなかった。しばし贅沢《ぜいたく》な気分にひたっていた。

玄関を入ると中庭《なかにわ》に出る。男と女の居住区《きょじゅうく》が分かれているが、男の部屋を見せてもらった。部屋の壁は玄関広間と同じく泥のハウサ模様《もよう》で飾《かざ》られていた。しかし家の一部が無残《むざん》にも雨がしみこんだため、泥の塊《かたまり》が落下《らっか》している部分もあった。雨対策《たいさく》か、泥の家の表面をコンクリートで覆《おお》った家も何軒《なんけん》かあったが、建物としての魅力《みりょく》は感じられなかった。しかし、屋根の四隅《よすみ》にはウサギの耳のような飾りがしっかりと残っていた。

旧市街を歩いていると、藍染《あいぞ》め工房《こうぼう》があったが、カノのように素焼《すや》きの壺《つぼ》を使ってはいなく、プラスチックの桶《おけ》で藍を発酵《はっこう》させていた。

旧市街の一角《いっかく》に前面《ぜんめん》に素晴《すば》らしい模様が描かれている家があった。変な話だが、その模様からオーラが感じられた。それを撮影《さつえい》しようとしたらその家に集《つど》う人たちから拒否《きょひ》された。仕方《しかた》なく彼らに近づき「他意《たい》はなくて模様が美しいから撮《と》らせてもらいたいのだ」と言ったが許可《きょか》がでない。「せっかく日本から来たのに」と言いながら、その家をあとにすると背後《はいご》から「一枚だけなら撮ってよい」という声がかかった。その言葉に甘え、三枚撮影し、お礼を言って立ち去った。

そうこうしているうちに太陽が傾《かたむ》きはじめた。午後三時になったのでカノに帰る、と運転手に告《つ》げて帰路《きろ》についた。途中《とちゅう》、時計が四時を過《す》ぎるころ、道路には警備《けいび》のための警察や軍隊が出てきた。日が沈《しず》むと山賊《さんぞく》、強盗《ごうとう》が出る、という話は大げさか、と思っていたが、本当のことなのだ。

ハウサ族の泥の家を一応《いちおう》撮影できたので、次の日は別の町に行ってみることにした。カツィナという町だ。同じく夕方四時半か五時までにカノに戻る予定とした。

カツィナはニジェールとの国境に近く、一〇年ほど前に訪《おとず》れたジンデルまで国境線を越《こ》えれば、遠くない。カツィナに行く道が一〇年前行った、ジンデルの地形《ちけい》に似《に》て大きな岩が地上から顔をだしている。一〇年前にニジェールの首都《しゅと》、ニアメからハルマッタン（砂嵐《すなあらし》）の中をバスで延々《えんえん》と走ってジンデルに行き、数日過ごしたことを思い出した。国境の向こう側にもハウサ族の人々の町があるのだ。一九世紀の終わり、欧州列強《おうしゅうれっきょう》が勝手《かって》に引いた国境線が理不尽《りふじん》に思えた。国境の向こうはフランスの影響下《えいきょうか》にあり、こちら側はイギリスの影響下にある。ナイジェリアは世界に五三ヵ国あるイギリス連邦《れんぽう》の加盟国《かめいこく》でもある。サハラ砂漠《さばく》の端《はし》っこで、国境線もなにもあるものか、という気分だが、それは厳然《げんぜん》として地図上に引かれている。

カツィナの町もスルタンの宮殿を中心に開けた町で、その片隅《かたすみ》にハウサ族の伝統的な家が並ぶ一角《いっかく》があった。ウサギの耳のような屋上《おくじょう》の飾《かざ》り、家の前面《ぜんめん》の浮《う》き彫《ぼ》りもはっきりあったが、伝統的な形はもはや滅《ほろ》びゆくのか、と思わされた。

イタリア人の画家が描いたカノの町並《な》みは、最初にそれを見たときすぐに来ていたら、現役《げんえき》で盛《さか》んに使われている家の姿を撮影できただろう。たったの一七、八年で、その形が滅んでしまった。ハウサの家の形は、このまま消えてしまうのだろうか。それとは別に、砂漠化も非常な勢《いきお》いで進んでいる。町全体が砂に埋《う》もれてしまう日も遠くないだろう。

カイロに帰るため空港に着《つ》いた。入国《にゅうこく》したときは気が抜けるようにノンビリしていたが出国《しゅつこく》は予想以上に煩雑《はんざつ》であった。出国審査《しんさ》、税関《ぜいかん》審査をはじめ、何が何だかわからない。制服を着た役人のような人が一〇人は並んでいる。それぞれの役人と思われる人が、俗称《ぞくしょう》イエローカードという黄熱病《おうねつびょう》の注射証明書《ちゅうしゃしょうめいしょ》を提示《ていじ》することを求める。また、通貨《つうか》の申請《しんせい》、その他もろもろの検査がある。結局、何かを理由にワイロを取ろう、ということなのだが、こちらは向こうが一言《ひとこと》いうと、その一〇倍を話す。しゃべって何とか通過《つうか》した。後ろにいた気の毒なエジプト人は、イエローカードを忘《わす》れてきたので一〇人にそれぞれワイロを渡

伝統的なハウサ族の家の姿は風前(ふうぜん)の灯(ともしび)か。近代的なビルが町を侵食してきている。

カツィナの宮殿の門。壁はハウサ模様でびっしりとうめられている。屋上にウサギの耳。

したので、もう金がなくなった、とこぼしていた。アフリカでは、たまにこういうことがある。

エジプトのカイロ近郊《きんこう》にあるギザのピラミッドの後ろで、初期の王朝《おうちょう》時代の労働者の住居《じゅうきょ》を発掘《はっくつ》している若い考古《こうこ》学者《がくしゃ》に会った。彼が言うには、当時の労働者の住宅の泥壁が厚い、という。常識的《じょうしきてき》に、その厚さの壁だと、二階があるはずだが、それがあった形跡《けいせき》がまったくない、という。カノで見て撮《と》ったハウサ族の家の泥壁の厚さはゆうに一メートルを越えていた、と彼に伝えた。

次回、エジプトに行く機会があったら彼に発掘現場を案内《あんない》してもらい、労働者の住宅の泥壁の厚さをこの目で見てみたい。

6 曲がったことが好き

インドネシアは一万七五〇〇もの数多い島々からできた国で全長五〇〇〇キロ以上、面積は日本の約五倍、人口《じんこう》は約二億人をはるかに超《こ》える。人口では世界第四位の国だ。島が変わると、そこに住む人間も、文化も、言語も変わる。

インドネシアには何度も足を運《はこ》んだ。数多い島の中で唯一《ゆいいつ》ヒンドゥー教が残るバリ島、その島のすぐ隣《となり》なのに文化も言語も植物もまったく違うロンボク島をはじめ、ジャワ島、スマトラ島、その近くの海に浮かぶニアス島、蜘蛛《くも》か、またはKの字を変形《へんけい》させたような形のスラウェシ島、ヌサ・トゥンガラ諸島のスンバ島、小スンダ列島のフローレス島など、訪《おとず》れた島を指折り数《かぞ》えると両手の十本の指を使い切る。

久《ひさ》しぶりにスラウェシ島に行くことにした。東京で友人たちと酒を飲んでいて、その中にいた女性でインドネシア語が堪能《たんのう》な人が南スラウェシのことを話してくれた。ある大学の調査に通訳《つうやく》として参加したとき見た南スラウェシの家について語ってくれた。

南スラウェシは、何百年の昔から木造船《もくぞうせん》をつくる伝統《でんとう》がある。その木造船製作《せいさく》の調査に同行《どうこう》した、という。木造の船《ふね》をつくる材料の一つにビッティという木があって、人々は子どもが生まれると、その木を植《う》えて子どもが大きくなったらそれを切って船の材料にし、残りで家をつくる、という。家は高床《たかゆか》だがその床を支《ささ》えるビッティの木が垂直《すいちょく》でなく、つまり支《ささ》えとして使われている柱が曲《ま》がったままで、見ていて楽しい、という。

単なる、高床の家は東南アジアをはじめ南米《なんべい》などに多いので珍《めずら》しくはないが、女性の目から見て面白《おもしろ》い、と言った言葉が頭にこびりついていた。行けば面白いかもしれない、という勘《かん》が働いた。しかし一方、単なる高床の家かもしれない、という気持ちもあった。そんなわけで、時間があるときに気楽に行ってみようと、心の中にしまっておいた。

取材《しゅざい》で日本を出たり入ったりしていて、東京でも仕事に追われていた。そんな忙《いそが》しい時に、急にスラウェシ南部に行きたくなった。

シンガポール経由《けいゆ》でスラウェシの都会マカッサルまで行こうとしたが、以前あったシンガポールからマカッサルまでの直行便《ちょっこうびん》がない、という。切符《きっぷ》を頼《たの》んだ旅行会社のコンピューターには、その路線が出てこないのだ。ジャワ島のスラバヤまでなら飛んでいるが、どうしましょう、といわれた。急に思いついて南スラウェシに行くことにしたので、別の旅行会社をあたってマカッサルまでの飛行機を探《さが》す気分的な余裕《よゆう》がなかった。仕方なく、スラバヤまでの切符を準備《じゅんび》し、そこから国内線でマカッサルに行くことにした。

昔から使われているマカッサルという地名は一九七一年に正式にウジュン・パンダンに名前が変わったが、一九九九年、いかなる理由からか再《ふたた》び以前の呼び名に戻った。スラウェシ島もオランダによる植民地時代はセレベスと言われていた。スラウェシはインドネシア独立後の呼び名だ。ところがマカッサルだけ植民地時代の呼び名に戻ったわけで、少しややっこしい。

マカッサルは何年ぶりだろう。以前《いぜん》ここを訪《おとず》れた時はウジュン・パンダンであった。山の中、タナ・トラジャに行くために来た。話はそれるが、タナ・トラジャへのバスの出発は朝早くなので、バス乗り場に着いたときはバスがもう出ていた。次の日のバスを待つのは時間がもったいない。車をチャーターすればよいのに、なぜか大型バス一台をチャーターして山にあるタナ・トラジャに向かった。バスの運転手は乗客が少なく、いつもより重くないので車体に負荷《ふか》がかからず幸《しあわ》せ、車掌《しゃしょう》は知人や道路で待っている人を適当に只《ただ》で乗せられるので幸せ、乗客も只《ただ》で相乗《あいの》りできて幸せ、自分も乗客から果物などをもらって幸せだった。バスはチャーターにかぎる。

東京でとても忙《いそが》しかったのでマカッサルに着いて二日ほど休んだ。町を歩いてインドネシアの時間の流れを自分の身体《からだ》に覚えさせた。東京に居《い》ると、どうしても「能率《のうりつ》」に追いかけられてしまう。マカッサルは比較的大きな町なのに賑《にぎ》やかな通りから少し入った道に並ぶ家は生活そのものが無理なく家の形になっている。見ているだけで嬉《うれ》しくなり、心が和《なご》む。

たとえば、古い二階家の一階の前にある小さな庭には簡単《かんたん》な屋根が付けられていて、その下に椅子《いす》が並んでいる。片隅《かたすみ》には木が植えられて深い緑の葉を茂《しげ》らせている。夕方ともなると家の人が椅子に座って通りを眺《なが》めている。小さな屋根付きの庭で家と社会が交流している。塀《へい》で囲《かこ》った防御《ぼうぎょ》的な家より、家自体が社会に参加しているほうが、在《あ》り方《かた》として柔《やわ》らかだ。

インドネシア、またはスラウェシ島に流れている時間に浸《ひた》ったので南に向かって出発することにした。以前のようにバスをチャーターするのではなく自動車で行くことにした。公共交通機関を利用するのなら町外《まちはず》れのバスターミナルに行き、時刻表のない乗《の》り合《あ》いバスを待たなければならない。

自動車の運転手はこの頃《ころ》、爆弾騒《ばくだんさわ》ぎがあって観光客の足が遠のいているので、久《ひさ》しぶりに遠距離《えんきより》の客があって幸せそうであった。マカッサルから約五時間、南の海岸にあるビラという村を目指《めざ》した。

南スラウェシはインドネシアの米どころで、二毛作《にもうさく》、三毛作《さんもうさく》が行なわれている。車は左手に高い山を見て走り海岸線に出た。運転手がある程度、英語を話すので世間話《せけんばなし》もした。目的のビラ村近くのタナベルでは船をつくっているのでしょう、と聞いた。運転手は、数ヶ月前にそこに行ったことがあって、「ドリーム・オブ・ナガサキ（長崎の夢）」の話をしてくれた。日本のナガサキから船の注文《ちゅうもん》があって、大きな木造船《もくぞうせん》をつくりはじめたが、完成近くなって材木《ざいもく》が足《た》りなくなった、という。運転手の話なので材木が足りなくなったのか、それとも建造資金《けんぞうしきん》がなくなったのかはさだかではない。

結局、ドリーム・オブ・ナガサキは何年間か砂浜の建造場所で、その大きな姿をさらしている、と言って運転手は笑った。

そんな話をしていたので、運転手はタナベルの砂浜に鎮座《ちんざ》しているドリーム・オブ・ナガサキを見てから目的のビラ村に行こう、と言った。

タナベルは砂浜に沿《そ》って造船所《ぞうせんじょ》（といっても青空造船所だが）が並んでいて、村も砂浜に沿って長く伸《の》びていた。ドリーム・オブ・ナガサキの姿が見えないので運転手が村人に尋《たず》ねると、船は数ヶ月前に解体《かいたい》してしまった、という。

ビラの村に着いてホテルを決めた。高床《たかゆか》の一戸建《いっこだ》てコッテージだ。二階の寝室の前には広いベランダがあって、目の前に外海《そとうみ》の波の防波堤《ぼうはてい》のような珊瑚礁《さんごしょう》の中のラグーン、つまり内海《うちうみ》が広がっている。白い砂に映《は》える透明《とうめい》な海、そしてその先《さき》には美しいブルーの海、珊瑚礁の向こうは深い色の青だ。贅沢《ぜいたく》な設備《せつび》はないものの最高の部屋で、トイレやシャワーの水もたっぷり使える。ベランダに座って、フーと深いため息をついた。来てよかった。

日が落ちて、残照《ざんしょう》の中、砂浜を見ながらブラリ、ブラリと歩いた。道の片側に小さな店が出ていて、そこで、ビールや果物を売っている。何軒《なんけん》か並んでいる店の中でビールが一番冷えているところで一本買った。店から椅子《いす》を借《か》りて店の前に置き、そこに座って冷たいビールを飲んだ。

南の国に流れているこの空気、雰囲気《ふんいき》は一体なんなのだろう。どこか懐《なつ》かしい。一九六五年、今から四〇年以上前、鹿児島《かごしま》から船に乗って沖永良部島《おきのえらぶじま》に行ったことがある。当時、日本にもこんなところがあるのだ、と感動した。南の島の開放感《かいほうかん》を感じたのは、その時がはじめてだったが、ビラに到着し、ビールを飲んで、その時のことを思い出した。飛行機で移動したら四〇年以上前の時間に戻れた、というのは大げさだが、それに近い感じだった。

曲がった柱の高床《たかゆか》の家を探《さが》すのにバイクを借《か》りた。ビラはマカッサルなど大都会の保養地《ほようち》でもあるので、貸《か》しバイクなどがある。早速《さっそく》バイクで周辺を回ってみた。走り出すと曲がった家がどこにでもある。ユラユラとした家、と表現すればよいのだろうか、見て楽しくなる。一つとして同じ曲線の柱がない。高床を支《ささ》える柱は曲がっているが、床は当たり前のことだが水平《すいへい》だ。高床なので家に入るのに階段がある。その階段の手すりも曲がっている。階段部分にかかる屋根を支えるための柱も曲がっている。こういうのが大好きだ。楽しくなってユラユラと曲がっている家を、もっと見たくなった。

きっと、曲がったことが大嫌《だいきら》いな正しい人は、南スラウェシに来ると不愉快《ふゆかい》になるだろう。もしかして居《い》たたまれなくなって、イライラするかもしれない。こちらとしては、真四角《ましかく》な部屋、垂直《すいちょく》がしっかり正しくでている家、ピッタリと張《は》られたフローリングの床などの形や空間に疲《つか》れているのだ。ちゃんとする、というのもいい加減《かげん》にしてもらわないと人間がおかしくなる、と思う。第一、人間の脳《のう》みそは豆腐《とうふ》のように四角いか。もっと

左：家に入るための屋根付き階段は内側と外界を結ぶところ。臍（ほぞ）を大きめに彫ってクサビで調節する、アバウトなつくりが好ましい。

下：ベランダ。オジイちゃんには孫が似合う。

上：曲がりにこだわる。柱は曲がっているが、床は水平(のはず)。

左：床はビッティの板が張られていた。部屋のゴミは隙間から落とす。

柔軟《じゅうなん》でありたい。

次の日もバイクを借《か》りた。近くのアラ村を目指《めざ》した。途中《とちゅう》、ユラユラの具合《ぐあい》、曲がりの感じのよい家があると停《と》まって写真を撮《と》った。一つの家に人がいたのでビッティの木があるか聞いてみた。彼は庭の片隅《かたすみ》に連《つ》れて行ってくれて、「これがビッティ」だと教えてくれた。子どもが生まれるとビッティの木を植《う》える、というのは本当のことかもしれない。インドネシア語ができず、ビッティの木のことを詳《くわ》しく聞けず残念。

子どもが育つ、ということは庭のビッティの木も育《そだ》つ、ということだ。子どもが大きくなったらビッティを切って、太い部分は船の材料にし、先端《せんたん》の細い部分は家を支《ささ》える柱にするのだろう。

曲がった高床の柱、ユラユラした家を数多く見てゆくと、目が肥《こ》えてくる。ユラユラの具合が絶妙《ぜつみょう》な家の人に通《つう》じないことはわかっているが日本語で話しかけ、家の中に入れてもらった。床もベランダも床板は適当に張《は》ってある。したがって板と板の間に隙間《すきま》もある。その加減《かげん》がなんとも言えず窮屈《きゅうくつ》でない。楽で自由な感じがする。床の隙間から床下の気配《けはい》が感じ取れる。ニワトリが下を歩いているのもわかる。

床の板はチーク材やビッティが使われているようだ。ビッティの板はどれですか、とビッ

曲がった柱の床下も知り合いや近所の人たち
の集う場所だ。曲がっているって素晴らしい。

ティという単語を連発《れんぱつ》して聞いてみた。そして靴下《くつした》を脱《ぬ》いでビッティの板の上を歩く感触《かんしょく》を足の裏《うら》で確かめた。微妙《びみょう》に柔《やわ》らかかった。

ビラの町から海岸に出てみた。白く輝《かがや》く砂浜には椰子《やし》の木が何本も立っていて、アダンの木の茂《しげ》みがいくつかあった。アダンの葉がつくる日陰《ひかげ》がとても気持ちよさそうなので、そこに腰《こし》を下《お》ろして休んだ。近くでは船を直す人が作業している。だるくなるような昼下《ひるさ》がりだ。船を修理する作業の音、青く静かな海の気配《けはい》を感じながらそのまま横になって、少しまどろんだ。

海岸線に沿《そ》って走る道を行けるところまで行ってみよう、とバイクを走らせた。道に沿《そ》って出現《しゅつげん》する集落《しゅうらく》の家を支える柱はユラユラと曲がっている。この地方では真直《まっす》ぐ、ということが異常だ。曲がった柱を見て、再《ふたた》び幸《しあわ》せになる。大きな村に出ると立派《りっぱ》な家があった。その家は少し太めのビッティの木をふんだんに使ってつくられている。カタコトの英語を話す人がいたのでビッティのことを聞いてみた。こんなに立派《りっぱ》なビッティの木でできた家は珍《めずら》しい、と言うと、近くにビッティの森を持っている、という。再《ふたた》び靴下《くつした》を脱《ぬ》いで床を歩かせてもらった。

その家から少し進むと道路が川で絶《た》たれていた。川の対岸には道路が見える。川にはワイヤー・ロープが渡されていて、それに小舟《こぶね》を繋《つな》いだ、小さなフェリー・ボートが運航《うんこう》していた。バイクで来た人は、その小舟に載《の》せて川を渡り、再び道を走るのだ。柔軟《じゅうなん》な発想《はっそう》の道路だ。小舟は道路の一部なのだ。夕方になったので、川を渡らず、宿のあるビラに帰ることにした。

ビラに着いてバイクを返し、食事をすることにしたが、先日《せんじつ》食べたインドネシア料理店はメニューが単調なので、海岸にある中国系インドネシア人経営のホテルのレストランでとることにした。

そのレストランではビールが冷《ひ》えていて美味《おい》しい。頼《たの》んだ魚料理も中華的料理法で人をそらさない味だ。隣《となり》のテーブルにヨーロッパ人がいたので話しかけた。彼はオランダから来た人で、ここに住んでいる、という。船乗《ふなの》りをしていたが、オランダに住むのが嫌《いや》になったので、スラウェシのビラに来た、という。なぜオランダに住まないか、という理由はオランダがEU、ヨーロッパ連合《れんごう》に加盟《かめい》し、すべてが変わり住むのが嫌になった、そうだ。もうオランダには住まない、と遠くを見るような目で話してくれた。

彼はビラの隣の村で船大工《ふなだいく》の力を借《か》りて自分で木造船《もくぞうせん》をつくっている。彼が言うには、船ができたらインド洋を渡って、スエズ運河《うんが》を通り、イタリアに行き、船を売る予定で、売り先は決まっているそうだ。

彼が言うには、南スラウェシの船大工の技はすごく、文献《ぶんけん》を見ても数百年前にポルトガル人が香料貿易《こうりょうぼうえき》のためにモルッカ諸島に来て、帰路《きろ》にここ南スラウェシに寄《よ》って船を修理して帰国したのだ、という。当時、ポルトガルは香料貿易で莫大《ばくだい》な富《とみ》を本国《ほんごく》にもたらした。

オランダ人は船ができあがったら、船乗《ふなの》りを募集《ぼしゅう》して航海《こうかい》に出ないとなあ、とつぶやいた。操船《そうせん》するのに、どうしても何人かの人間が必要だ、という。私はインドネシア各地にはアラビア半島から来ているイエメン人が数多く住んでいるので、彼らを募集すればインド洋を渡るのがたやすいのではないか、と言った。オランダ人はここにイエメン人が多い、とは知らなくて、そうか、なるほどと言ってうなずいていた。アラビア半島とインドやインドネシアには古代から海の道があって、人々や物資《ぶっし》が交流していた。季節風《きせつふう》さえうまく捉《つか》まえれば、かなり早く紅海《こうかい》入り口のアデンに着けるはずだ。

彼と話をして、世界史は立体的《りったいてき》だ、と思った。こっちは曲がった柱で支えられた高床の家の写真を撮《と》りにきたのに、それがビッティという特別な木で、木造船《もくぞうせん》の部材として昔から使われてきた、ということを知った。また、南スラウェシの船大工《ふなだいく》の実力はポルトガル人に昔から認《みと》められていた。たぶん、南スラウェシの木造船はポルトガルを通した西洋の船のつくり方の影響もある、と思う。海の道で繋《つな》がっているインドネシアに居《い》るイエメン人もそうだ。イエメンのハドラマウト渓谷《けいこく》の町、サイユーンにはインドネシア人のイスラム神学校《しんがっこう》もある。アラビア半島海岸部のイエメン人男性はインドネシアやマレーシアその他、東南アジア諸国で日常的に着られている腰巻《こしまき》と同じものをまとっている。取材で動いて、世界史の片鱗《へんりん》に触《ふ》れることが多く、少なからず知識《ちしき》を刺激《しげき》される。

来る時に立ち寄ったタナベル村に乗《の》り合《あ》い自動車で行ってみた。道路の両側には、やはり曲がってユラユラした高床の家が並んでいる。浜に出ると何艘《なんそう》もの大きな木造船《もくぞうせん》が並んでいる。こちらの興味《きょうみ》はビッティが船のどの部分に使われているか、だ。

船大工《ふなだいく》たちは設計図《せっけいず》なしで船を組み立てている。まず、竜骨《りゅうこつ》を組み立てて、板を張《は》ってゆくが、部分によって使う木の種類が違う。進水《しんすい》したあと、板がどういうふうに海水を含《ふく》んでふくれるか、ということまでも長年の船づくりで経験しているのだろう、と思う。私の見たビッティ材は別の種類の材木と組み合わされて使われていた。進水後に船の部分となったビッティは水を含んで、別の材料と絶妙《ぜつみょう》な相性《あいしょう》になるのだろうな、と想像した。前の日、足の裏《うら》で感じたビッティ材の感触《かんしょく》からの想像《そうぞう》だ。

タナベルの砂浜には建造中の木造船が並んでいる。この大きさは「舟」でなく「船」だ。

簡単な道具で木を細工する。船が水に浮かび、水分を吸って膨張することを微妙に計算に入れてつくる。

船をつくっている現場に女の子が椰子《やし》で編《あ》んだ籠《かご》を持って、現場で出た木っ端《こっぱ》を拾《ひろ》いに来た。煮炊《にた》きの火に使うためだ。ここでは生活の隅々《すみずみ》まで船づくりの影響《えいきょう》がある。椰子《やし》の木の林の中を歩いていると大きな材木《ざいもく》がトラックで運ばれてきた。スラウェシの山には、材料となる木が少なくなっているのでカリマンタン島（英語ではボルネオ島）から運ばれてきたのだそうだ。

誰かが声をかけると、どこからともなく人が二〇人ほど集まってきた。そして彼らは太く重い材木を皆でトラックから降ろし、掛《か》け声をかけながら材木を少しずつ動かして、製材する場所まで引きずっていった。

材木が到着することを、村の人たちはボンヤリと知っていて、それが到着した、という合図《あいず》で、何も言わずに集まって、指揮《しき》する人はその場の雰囲気《ふんいき》で決まるのだろう。それで、あの重い材木を動かす。作業を見ていて、感心するばかりだった。

昼を少し過《す》ぎ、食事をしたかったがレストランはない。雑貨屋《ざっかや》に行って、何か食べるものはないか、というと「そこに座って待っていろ」という。暑くて、飲み物を頼《たの》みボーと座っていると、スープ、米、炒《いた》め物《もの》、デザートも付いた食事が出てきた。それは立派《りっぱ》なレストランの食事と言ってよいのだが、そこはやはり雑貨屋なのであった。

夕方も遅くなると、ホテルのあるビラまでの乗り合い自動車がなくなる、と聞いたので大きな道路に出よう、と椰子《やし》の木の林の中を歩いていると、家をつくる現場があった。骨組《ほねぐ》みだけができあがっているが、オヤジさんとその妻《つま》の二人で家をつくっていた。夕方なので二人は仕事仕舞《じま》い中だった。設計図《せっけいず》なしの家を支《ささ》える柱は、やはり曲がっていた。この村にもう一軒《いっけん》、柱の曲がった家ができる。

曲がったビッティをどう活かすか、工夫する。夫婦で気楽に家をつくる。

7

移動する家

一九九九年六月に日本で出版《しゅっぱん》した、三三三ページ、重さ一・四キロ、写真約一七〇〇枚の『地球生活記』が何冊かアメリカに渡り、勝手《かって》に歩き出した。アメリカの友人を介《かい》してユタ州にある出版社が、会いたいと言ってきた。Eメールのやり取りの末《すえ》、メキシコ取材《しゅざい》のついでにユタ州のソルトレイク・シティーに行った。

レンタカーを借《か》りて空港から遠くないレイトンという町の出版社を訪《たず》ねた。社長は喜《よろこ》んで編集部《へんしゅうぶ》のある建物を見せてくれ、編集部員たちを紹介《しょうかい》してくれた。その後、郊外《こうがい》にある出版物倉庫《そうこ》と販売部《はんばい》にも案内《あんない》してくれた。予想《よそう》していたより大きな出版社だった。

社長は身内《みうち》の結婚式《けっこんしき》があるので二日後、一緒に山に行き、ティピに泊《と》まりながら本をつくることを相談しよう、という。社長の用意してくれたホテルに泊まった。そこで日本から持ってきた仕事の原稿《げんこう》を書き、それに飽《あ》きたら近くをドライブした（ティピはあとで説明します）。

結婚式を終えた社長のギブス・スミスは、ホテルに来て、その後自宅に連《つ》れて行ってくれ、君の服はこれだな、と言ってだぶだぶの服を手渡《てわた》してくれた。靴《くつ》はこれしかない、とマーカソンというバックスキンの手作りの靴を貸《か》してくれた。わけが分からなかったが、社長のギブスの大きなワゴン車の後をレンタカーで追《お》いかけながら山に向かった。ワイオミング州に入り、ここがロッキーマウンテン・ランデヴーの発祥地《はっしょうち》だ、と石碑《せきひ》のところで車を止めて説明してくれたが、わけが分からない。石碑には一八二五年、ここでランデヴーが行なわれた、とあった。

最初は何のことか分からなかったが、石碑には「皆がここに集まったとき、アシュレイは持ってきた品物を広げた。約八〇〇人の小さな町ができた。その半分は子どもと女性だ。そのなかには山の中にいたので数ヶ月間コーヒーや砂糖《さとう》、その他の日常生活品に触《ふ》れていなかった人もいた。——そこではウイスキーはとんでもない値段《ねだん》だったにもかかわらず、水のように飲まれた。——集まってきた人々はいろいろな出来事《できごと》の話をして、罠《わな》づくりの腕前《うでまえ》を競《きそ》い、知人友人たちの噂話《うわさばなし》をした。この野外市場《やがいいちば》のような会合《かいごう》は、山で罠をかけて獲《と》ったビーヴァーの毛皮《けがわ》を、毎年夏にセントルイスまで行って売り、その金で生活用品を買ってくる時間を節約するためでもあった」などと刻《きざ》まれていた。

そのあと一八〇〇年代はじめの砦跡《とりであと》を見せてくれ、グリーン・リヴァーの広い川原《かわら》に行き、川のそばにティピを二つ張《は》った。一つは私専用《せんよう》だ。まだ、わけが分からない。忙《いそが》しい東京から来て、レイトンのホテルで二泊したとはいえ、いきなり川原でティピである。

ティピを張《は》るとき、女性が何人か、そこに張らないでくれ、と言ってきた。川でちょうど水浴《あ》びする場所なのでティピをそこに張るのを遠慮《えんりょ》してくれないか、という。社長のギブスは、そんなこと知るか、水浴びする場所を変えればいいではないか、または君たちが水浴びしてもこちらは気にしないから、といって拒否《きょひ》して、そこにティピを張った。日本人に比べ、アメリカ人は筋《すじ》が通ったことは遠慮《えんりょ》しないで自己主張《じこしゅちょう》する。

ロッキーマウンテン・ランデヴーの集まりとは一八二五年から一八四〇年代のはじめまで、罠《わな》でビーヴァーを獲《と》って生活していた猟師《りょうし》の野外市場を再現した集《つど》いだ、ということが解《わか》ってきた。その集いに参加するには一八〇〇年代初期の服装《ふくそう》をしなければならないので社長のギブスが服と靴《くつ》を貸《か》してくれたのだ。現代生活はこの集いに持ち込まない約束なのだ。

その年は山火事《やまかじ》が多く、本来予定していた場所に人々が集まれず、集まりは正式には中止ではあったが、毎年楽しみにしている人々がグリーン・リヴァーの川原《かわら》に集まってティピなどを立てて野営《やえい》し、過《す》ごしていた。

一八二五年から一八四〇年とはアメリカにとってどんな時代だったのだろうか。日本では江戸時代後期《こうき》だ。アメリカの独立宣言《どくりつせんげん》は一七七六年七月四日、一八二三年はモンロー大統領《だいとうりょう》がラテンアメリカ諸国《しょこく》の独立に対してヨーロッパに干渉《かんしょう》させないとするモンロー主義《しゅぎ》を宣言した。南北戦争は一八六一年から一八六五年までだった。

以前、日本のテレビのスチールカメラマンとしてオレゴン・トレイルをたどる番組の撮影《さつえい》でワイオミング州に三週間いたことがある。番組宣伝《せんでん》ポスターなどの撮影だった。オレゴン・トレイルとはミズリー州のインディペンデンスから約三〇万人が五ヶ月かけてオレゴン州のオレゴンシティーまで移動した道のことだ。その動きは一九四一年初頭《しょとう》から約二〇年間続いた。

歴史のそんなことを考えながらティピのそばにつくられた天幕《てんまく》の下で社長のギブスの奥《おく》さんがつくってくれた料理を食べながら、これからつくる本について話した。

社長のギブスが言うには彼が大学の時、写真《しゃしん》のコースをとって大型《おおがた》カメラの8×10《エイト・バイ・テン》インチサイズで撮《と》ること、そしてフィルムの暗室処理《あんしつしょり》、プリントのことをアメリカの有名な写真家アンセル・アダムスの息子《むすこ》に教わった、そして建築《けんちく》のコースもとって勉強し、いつの日か世界の建物の本をつくりたい、と思っていたという。また一人のカメラマンで世界中の家の写真を持っている人を三〇年以上探《さが》していたのだ、と言い、今ここにその人がいるのが嬉《うれ》しくてたまらない、という。そうまでいわれたら本をつくることを断《ことわ》れなくなった。

一日が終わるとグリーン・リヴァーの支流《しりゅう》で水浴《あ》びをする。川の水が少し深くなっているところに行くと、先《さき》に女性たちが水浴びをしていてキャーなどと叫《さけ》ぶが気にしないで、彼女たちの水浴びが終わるまで待った。川の水で身体《からだ》を洗《あら》うのはとても気持ちよく、ワイルドな気分であった。トイレは会場に移動トイレが運ばれてきていた。

ティピは北米原住《ほくべいげんじゅう》の草原インディアン（アメリカ先住民《せんじゅうみん》）の移動式住居《じゅうきょ》だったが、現在でも、数は少ないがティピに住んでいる人もいる。本来《ほんらい》はバッファローの皮《かわ》と支柱《しちゅう》でできていた。現在では厚《あつ》い木綿《もめん》のテント地《じ》でつくられているものが普通《ふつう》だ。アメリカの特に西部の人たちはティピを自分たちの伝統《でんとう》的な家だ、と思っている人も多い。

実際《じっさい》その中で過《す》ごしてみると、天井《てんじょう》が高く、内部も広い。昔は地面にバッファローの皮などを敷《し》いていたのだろうが、現在では絨毯《じゅうたん》を敷く人もいる。木のざわめきや水の流れを

WYOMING
1825 ROCKY MOUNTAIN RENDEZVOUS
"When all had come in, he (Ashley) opened his goods, and there was a general jubilee.... We constituted quite a little town, numbering at least eight hundred souls, ...half were women and children. There were some... who had not seen any groceries, such as coffee, sugar, etc. for several months. The whiskey went off as freely as water, even at the exorbitant price he sold it for. All kinds of sports were indulged in with a heartiness that would astonish more civilized societies."
Taken from, The Life and Adventures of James P. Beckwourth, as told to Thomas D. Bonner, this passage describes a raucus social event: the rendezvous. Here, mountain men swapped stories, tested their skills, and shared news of friends. The annual event was actually begun as a time saving measure whereby trappers could replenish supplies and trade furs, without traveling to St. Louis each summer. North of this point on Henrys Fork of the Green River, between Birch and Burnt Fork Creeks, the first Rocky Mountain Rendezvous was held during June and July, 1825. Held under the direction of William Ashley the gathering was planned for the Green River, but was moved up Henrys Fork because that site provided better forage for animals. One-hundred twenty trappers gathered to barter their furs at Burnt Fork. Among those assembled were some of the industry's most colorful characters: General Ashley, Jedediah Smith, Bill Sublette, Davey Jackson, Tom Fitzpatrick, Etienne Provost, James Beckwourth and a still green Jim Bridger. On July 2, 1825, Ashley and his men headed for St. Louis with a load of furs worth $50,000.
Held annually throughout the region until 1840, when the demand for beaver pelts decreased, the rendezvous is remembered as one of the western frontiers most colorful traditions. Modern day mountain men still reenact these 19th century "fur fairs".

右上：ユタ州に近いワイオミング州の野原に立つ看板には「1825年、ここでランデヴーが初めてあった」と説明されていた。

右下：1825年から1840年頃までの女性の衣装はこんなふうだった。

左：ティピを支える棒は10本ほど。左は出版社社長のギブス・スミス。

下：ティピはほとんど建てあがった。上部には明かり取り、空気調節用の開閉自在窓がある。

感じながら眠《ねむ》るのもなかなか良いものだ。

近くのティピに遊びに行って、いろいろと世間話《せけんばなし》をするのも楽しい。それにしても一八〇〇年代の服装《ふくそう》で電気は使わず一五〇から一八〇年前の生活スタイルで数日過ごす、ということを理解するのに時間はかかった。こういうのを一体どう表現したらよいのだろうか。遊び、集まり、だろうか。ビーヴァーを罠《わな》で獲《と》って、その毛皮を売って生活していた昔を思い出すことになぜ皆一生懸命《いっしょうけんめい》なのだろう。ビーヴァーの生皮《なまかわ》は当時イギリスで流行《はや》っていたビーヴァー・ハットをつくるのに需要《じゅよう》が高かった。

一八四〇年代に入ると、イギリスの流行《りゅうこう》も変わり、ビーヴァー・ハットはすたれてゆき、需要が少なくなった。それと同じ時期に乱獲《らんかく》によりビーヴァーの数も減《へ》ってきた。

またオレゴン・トレイルが開通《かいつう》して人々が西に動くようになり、トレイルに沿《そ》って町もできたので、山に籠《こも》って罠《わな》でビーヴァーを獲《と》る人の数も減ってゆき、ランデヴーの集《つど》いもなくなった。

しかし百数十年前の集いを懐《なつ》かしむ人々は一九四〇年代から年に一回、どこかで集いを持つようになった。どこでそれが行なわれるかは、噂《うわさ》で広がっていた。

こんなティピ生活を五日間ほどしてユタ州からアリゾナ州に行き、仕事をしにメキシコに行った。

東京に帰ってからEメールでレイアウトのやりとりをしているうち、本は一〇〇〇ページになってしまった。それではあまりに厚すぎるので、それを約半分にしたレイアウトが終わり、写真説明を書いた。そして写真全点を複製《ふくせい》（デュープ）してオリジナル・ポジ・フィルムを国際宅配便《たくはいびん》で送った。結局《けっきょく》《Built by Hand》という四六九ページの重い本ができた。

後日《ごじつ》、アフリカ取材《しゅざい》の帰りにオランダのアムステルダムで数日休んだ。運河《うんが》の多い街《まち》を歩いた。運河と橋が多いアムステルダムは水の都《みやこ》だ、と思った。運河沿《ぞ》いの古い本屋を覗《のぞ》いたら、アメリカで出版《しゅっぱん》された《Built by Hand》が平積《ひらづ》みになってショーウインドーから見える売り場に置かれていた。それを見て悪い気はしなかった。

その後、再《ふたた》び出版社の社長、ギブスから連絡《れんらく》があり、こんどは人間中心の本をつくりたい、と言ってきた。やはり日本で出版した三三三ページ、写真二二五〇枚、重さ一・四キロの『地球人記』を見てのことだった。

その時はもう慣《な》れたもので、またティピに泊《と》まりながら本の話をするのだな、とわかっ

右：ソファー兼ベッドは毛皮。天井が高い空間は過ごしていて気持ちよい。

左：ティピを張り、一週間以上川のそばの森で過ごす。

下：ランデヴーの集いには多い時で1000以上のティピが張られる年もある。

ていた。ティピに泊まると厚《あつ》く重い本ができる、と摺《す》りこまれてしまったようだ。

ソルトレイク・シティーの空港に着くと社長夫妻《ふさい》が出迎《でむか》えてくれて、そのまま、以前とは違うロッキーマウンテン・ランデヴーの会場のある森に連《つ》れて行かれた。私のためのティピはもうすでに張《は》られていた。

そして再び本の話をした。二〇〇一年九月一一日の事件以来、アメリカも世《よ》の中《なか》もおかしくなってしまった。政治的な話はしないが我々《われわれ》に一体なにができるだろう、という話になった。

世界中の宗教《しゅうきょう》も人種《じんしゅ》も違った人たちがお互《たが》いの違いを尊重《そんちょう》しながら生きている、ということを表わす本をつくろう、ということになった。社長のギブスはタイトルを勝手《かって》に《The Family of Man》に決めてしまった。第二次世界大戦が終わって約一〇年後の一九五五年、ニューヨーク近代美術館でエドワード・スタイケンによって世界中のカメラマンの写真で構成《こうせい》され開催《かいさい》された写真展《てん》はあまりにも有名だ。それと同じタイトルというのはおかしい、というより畏《おそ》れ多い、と言ったが社長は意《い》に介《かい》さない。困《こま》ってしまった。

この写真展は一九五五年にニューヨークで開かれて、次の年の一九五六年に東京と大阪《おおさか》のデパートでも開催《かいさい》された。川端康成《かわばたやすなり》の『山の音』にもこの写真展のことが出てくる。

いずれにせよ本をつくることは決まった。本の構成《こうせい》を考えて、それに適《てき》した写真をコンピューターに取り込んで小さめにプリント・アウトした。取材に行く時もそれを持ち歩き、ホテルで並《なら》べて構成を考えていた。ベトナムのハノイでは写真を並べるために大きめの部屋を借《か》り、プリントした写真を並べた。そこで本の大体《だいたい》の構成ができあがった。

ギブスの出版社の編集者と前回と同じやり取りをし、本は着々《ちゃくちゃく》と仕上《しあ》がりつつあった。編集部から連絡《れんらく》があり《The Family of Man》は写真展と同じくしてつくられた本が今でも絶版《ぜっぱん》にならず売られているので、タイトルを《HUMANKIND》に変えていいか、と連絡してきた。私はホッとして「変えてください」と連絡した。あの名著《めいちょ》と同じタイトルにされたら恥《は》ずかしくて困《こま》る、と思っていたからだ。

二〇〇七年に入って、また出版社から連絡が入った。《HUMANKIND》が二〇〇六年度ForeWord Book of the Yearの写真部門の銅賞を取った、おめでとう、という連絡であった。出版社はこれで全米の図書館に四七二ページの重い《HUMANKIND》をセールスできる、と張《は》り切《き》っていた。

ティピは本を企画《きかく》する空間で、その空間は私にとって世界遺産級《せかいいさんきゅう》となった。ティピの中で本の企画が二冊できて、二つ合わせると一〇〇〇ページ弱《じゃく》だ。重さは二冊で五キロ弱。

ティピや、モンゴルなどで遊牧民《ゆうぼくみん》が家畜《かちく》に与《あた》える草を求めて移動するゲル（内モンゴルではパオ）、ベドウィンのテント、モーリタニアのテントなども立派《りっぱ》な家だ、と思う。また山登《やまのぼ》りの時のテントも、災害《さいがい》のときの仮設《かせつ》住宅やテントも、戦争からの避難民《ひなんみん》を一時収容《しゆうよう》するテントなども立派な家で、人間生活に必要なものだ。もっと言えば日本の都会《とかい》や河川敷《かせんしき》に張《は》られているブルーシートでつくられた家も立派な人間が住む家だ、と思う。ただ、場所を不法《ふほう》に占拠《せんきょ》している、ということが社会の問題になっているだけなのだ。鳥が巣《す》をつくって次の世代を育《はぐく》み、子育てが終わると巣は放置《ほうち》される。人間の住処《すみか》もそれで良い、という側面もある。

世界中で水道の蛇口《じやぐち》をひねれば水がでる、スイッチを入れれば電気がつく、というところは非常に少ないのである。

私にとって世界遺産的空間のティピでの生活には電気もなく、水道もなかった。我々《われわれ》は炊事《すいじ》の時は皆に隠《かく》れて一八〇〇年代には存在していなかったガスを使ったが、近くのティピでは木の枝を集めて食事をつくっていた。

今でも、たまにティピでの生活が懐《なつ》かしくなる時がある。

8 泥の空間

フランス北東部、ドイツ国境《こっきょう》に接《せっ》するアルザス地方のコルマールの町を撮影《さつえい》して、ワイン街道《かいどう》にある小さな町に泊《と》まり、普通《ふつう》のフランスワインと一線を画《かく》す爽《さわ》やかな白ワインを友にシュークルートというアルザス料理を腹いっぱい食べた。豚《ぶた》の塩漬《しおづ》けバラ肉やソーセージが酢《す》キャベツのザウアークラウトと一緒《いっしょ》に皿に大盛《おおも》りになっていた。とても一人では食べきれない、と思ったがアルザスの白ワインと一緒に食べたら皿の上の料理はお腹に収《おさ》まってしまった。

コルマールは戦争で破壊《はかい》されなかったので古い家並《いえな》みが残《のこ》っている。町に残る木組《きぐ》みの家は、その大きさは今まで見たこともないようなものだった。

車でパリに帰る途中《とちゅう》、地図にロンシャンという地名を見つけた。自分は建築家《けんちくか》の作品を追《お》って撮影《さつえい》することはしていなかったが、あのル・コルビュジエ（一八八七年生まれ～一九六五年没《ぼつ》）が設計《せっけい》したロンシャン礼拝堂《れいはいどう》は、ここにあるのか、と立ち寄《よ》ってみた。

何の変哲《へんてつ》もない小さな町の丘《おか》の上にそれはあった。礼拝堂は一九五五年の竣工《しゅんこう》だ。形容《けいよう》しがたい外観《がいかん》で、正直《しょうじき》これがキリスト教の礼拝堂だ、とは思えなかった。

内部に入って、その空間を感じると、ここはアフリカだ、という感覚が身体《からだ》を襲《おそ》った。フランスの田舎町《いなかまち》で必然《ひつぜん》とは思えない厚《あつ》い壁《かべ》、そして壁にあいた明《あ》かり採《と》り窓《まど》がかもしだす空間は、明らかにアフリカのそれだ。

西アフリカ、モーリタニアの隊商《たいしょう》都市、ワラタは、昔何百もあった井戸《いど》は枯《か》れて、現在では数百人の住人がかろうじて町に住んでいる状況《じょうきょう》だが、その昔はマリのトンブクトゥと並《なら》ぶ学術《がくじゅつ》都市だった。キャラバン隊《たい》が水や食料を補給《ほきゅう》する砂漠《さばく》の中のまさにオアシスは、今では地下水位《すいい》が下がって、ほとんどの井戸が枯《か》れた。押し寄せる砂で町は埋《う》もれそうだ。

そんな、もとオアシス都市を構成《こうせい》する家の壁は厚かった。明かり採りの窓は小さい。暑《あつ》い外気《がいき》や強い太陽熱に対して、壁はあくまでも厚くつくってあった。そんな家、建物がかもしだす空間がロンシャンの礼拝堂《れいはいどう》の中にあった。アフリカの空間になじんでいた私には、それがよく解《わか》った。北アフリカのアルジェリアに行こう、と思った。

アルジェリアにはいつでも行ける、と思っていた。しかし一九九一年末《すえ》の総選挙《そうせんきょ》でイスラム政党《せいとう》FIS（イスラム救世戦線《きゅうせいせんせん》）が圧勝《あっしょう》した。その状況を見た軍隊《ぐんたい》がクーデターを起《お》こし、時の大統領《だいとうりょう》を辞任《じにん》させて選挙結果《せんきょけっか》を無効《むこう》にし、また第二回選挙も取りやめた。以後いわゆる原理主義《げんりしゅぎ》といわれたFISを中心としたイスラム勢力が武力闘争《ぶりょくとうそう》に入った、というのが一般的なアルジェリア混乱《こんらん》に対する説明だ。

選挙に大勝《たいしょう》したFISは過激派《かげきは》集団を内部に含《ふく》み、一九九二年から約一〇年間、アルジェリアにはテロの嵐《あらし》が吹《ふ》きすさんだ。

その、テロが吹き荒れた時期にアルジェリアに入国《にゅうこく》しても、ホテルに泊《と》まろうとすると、ホテルの主人に宿泊《しゅくはく》を断《ことわ》られたそうだ。理由は、外国人を泊めると、そのホテルがテロの標的《ひょうてき》、対象《たいしょう》になったからだ。この頃《ころ》、私は一度アルジェリアに入国しようとして情勢《じょうせい》を調べたが、断念《だんねん》した。アルジェリアには不気味《ぶきみ》な年月が続《つづ》いた。

アルジェリアの情勢《じょうせい》は非常に理解しずらいが、フランスからの独立闘争《どくりつとうそう》の基地《きち》となった首都《しゅと》アルジェ旧市街《きゅうしがい》（カスバ）は彼らの根城《ねじろ》であったし、やはりフランスに対しての闘争《とうそう》で独立派がこもったアトラス山中《さんちゅう》は彼らの拠点《きょてん》であった。悲惨《ひさん》なことは、テロの現場に「我々《われわれ》と行動を共《とも》にしないものは我々の敵《てき》」と国民に対するジハード（聖戦《せいせん》）を布告《ふこく》し、いくつもの村が、村民の虐殺《ぎやくさつ》、殺戮《さつりく》をともなう攻撃《こうげき》を受けて、なかには村が消滅《しようめつ》したところもあった。その残虐《ざんぎやく》な行為《こうい》は、とてもここには書けない。

二〇〇〇年を少し過《す》ぎたころから、テロの勢《いきお》いが弱くなった。二〇〇五年、アルジェリア情勢を伺《うかが》いつつ、アルジェリアに行こうと決めた。そして、苦労《くろう》してアルジェリアの入国ビザを取った。そしてパリに飛び、シャルル・ドゴール空港でないオルリー空港からアルジェに向かった。

首都アルジェに着いたのは夜だった。入国ビザ発行の条件として最初の日のホテルを予約しておかなければならず、タクシーでそのホテルに向かった。ところが、その時期はアルジェで、アラブ連盟《れんめい》の会合《かいごう》が行なわれている最中《さいちゆう》であった。ものものしい警戒《けいかい》のホテルに着くとロビーは満員で、予約していたにもかかわらず部屋はまったくなかった。ホテルの係《かかり》に別のホテルを紹介《しようかい》してくれ、とねじこみ、やっと、少し離《はな》れたところにあるホテルに泊《と》まることができた。やれやれ、である。

朝食の時、日本の商社の人と日本政府《せいふ》関係の人と会った。彼らが言うには、「よくこんなところにきましたね、我々《われわれ》が動くのはアルジェ市内に限《かぎ》っていて、郊外《こうがい》には一歩も出ません」という。私はテロの嵐《あらし》は一応《いちおう》去《さ》っているのでは、と言った。しかし「確《たし》かにテロの数は減《へ》ってきたが、テロ勢力《せいりょく》は毎月、政府関係の建物、道路の検問所《けんもんじょ》などを攻撃していますよ」という。商社の人も日本政府関係の人も日本大使館に一応、アルジェリアにいる、ということを連絡しておいたほうがよい、という。ちょうど、日本政府関係者が大使館に出向《でむ》くので、報告《ほうこく》しておいてくれる、というのでお願いした。人に自分のことを頼《たの》むのは普通やらないのだが、ここはアルジェリアである。パリやヨーロッパから近いのに、現状では、地の果《は》て、なのだ。

目的のムザブの谷に行くのは陸路《りくろ》ではなく空路《くうろ》にしよう、と思ったが、飛行機便《びん》は満員だ。アルジェからサハラ・アトラス山脈《さんみゃく》を越《こ》えてサハラ砂漠《さばく》がここからはじまる、というところにあるムザブの谷までは約六〇〇キロある。

アルジェのバス・ターミナルに行き、バスの発着《はっちゃく》状況を見て事情を聞いて、もしバスが不安であったら飛行機の席が取れるまで待つ、ということにしてバス・ターミナルに行った。

バス・ターミナルはアルジェリアの各方面に行くバスで混雑《こんざつ》し、活気《かっき》があった。テロの標的《ひょうてき》が以前のように無差別《むさべつ》ではなくなり、政府に関連するところに限られている、ということを頭に入れてムザブの谷、ガルダイヤ行きのバスの時間を調べた。何人かのバス会社関係者にそれとなく近年のテロの状況を聞いてみた。このごろは大丈夫《だいじょうぶ》だ、という。ムザブの谷、ガルダイヤからバスで到着した乗客にも道中《どうちゅう》のことを聞いてみた。ここで得《え》られた情報とバス・ターミナルの雰囲気《ふんいき》を参考《さんこう》に、バスでムザブの谷、ガルダイヤに行くことにした。しかし、バス・ターミナルには外国人観光客《かんこうきゃく》の姿は皆無《かいむ》であった。少し、不気味《ぶきみ》ではあった。

バスはアルジェを出て、サハラ・アトラス山脈を登《のぼ》りにかかった。アトラス山中《さんちゅう》はアルジェリアが一九五〇年代、フランスからの独立戦争を戦《たたか》ったときの独立派の隠《かく》れ場所であった。映画「アルジェの戦い」のことが思い出された。アトラス山中を行くバスは道路をくねくねと曲《ま》がりながら進むが、道路のまわりは警備《けいび》の兵隊《へいたい》が並《なら》んでいる。高い物見《ものみ》の塔《とう》のような建物の屋上《おくじょう》には機関銃《きかんじゅう》が据《す》え付けられ、道路を睨《にら》んでいる。曲がり角《かど》で、危険だなと思われるところには装甲車《そうこうしゃ》が並ぶ。谷を走る道には以前襲撃《しゅうげき》された焼け焦《こ》げたバスが転《ころ》がっていて、放置《ほうち》されている。話や情報でなく、実際に装甲車やバスの残骸《ざんがい》を見て、少しはテロについてのリアリティーがでてきた。

アトラス山中では、正直《しょうじき》少し緊張《きんちょう》した。しかし山を越《こ》えると、開《あ》けっぴろげの風景になり、緊張感が少し緩《ゆる》んだ。バスは山の裾野《すその》を疾走《しっそう》し、サハラ砂漠《さばく》方面に向かう。

ムザブの谷のガルダイヤは、この谷にある五つの町の中で一番大きな町だ。ここにはいつでも好きな時に来ることができる、と思って三〇年経《た》ってしまった。以前は簡単《かんたん》に来ることができた町であった。

それほど有名であったガルダイヤには観光客の姿はなかった。予定していたホテルは満員。仕方《しかた》なく政府経営《けいえい》のホテルに泊《と》まったが、建物は立派《りっぱ》だがサービスを幽霊《ゆうれい》が行なっているのではないか、と思われるほど不思議《ふしぎ》なホテルであった。町から離《はな》れているので、食事もそのホテルのレストランでとるほか、仕方がなかった。いずれにせよ長旅《ながたび》で疲《つか》れていたので、一番大切なことは睡眠《すいみん》だった。

そのホテルは町の郊外《こうがい》にあり非常に不便《ふべん》だったので、次の日からは町にある一軒《いっけん》の素朴《そぼく》な宿に変えた。そこを基地《きち》にガルダイヤをはじめとしたムザブの谷を歩くことにした。ガルダイヤはアルジェリアにテロの嵐《あらし》が吹《ふ》く前は、観光客がよく訪《おとず》れていたところだ。しかし、町の中心の市場《いちば》に行っても観光客の姿はまったくといってよいほど見えなかった。

また説明がまったくつかないのだが、夜悪夢《あくむ》を見て眠《ねむ》りが浅かったのがつらかった。テロの吹き荒れた約一〇年間で公式には一〇万人余《あま》りが殺されたといい、非公式には二〇万人という数字もある。テロで殺された人々の怨念《おんねん》が漂《ただよ》っていたのだろうか。また、ガルダイヤまでの道路脇《わき》で警戒《けいかい》にあたる装甲車《そうこうしゃ》、機関銃《きかんじゅう》で武装《ぶそう》していた兵隊たちの不気味《ぶきみ》な光景が脳裏《のうり》に張《は》り付いていたのだろうか。

ムザブの谷は九世紀《せいき》から一〇世紀にかけてイスラム教の教えを厳格《げんかく》に守《まも》るベルベル人のイバード派《は》、俗名《ぞくめい》ムザブ人が五つのオアシス都市に住みはじめ、過酷《かこく》な土地にイスラムの教えを固《かた》く守《まも》って住みつづけてきた。

最初に丘の上にできた町はガルダイヤ、ベニ・イスゲン、エル・アトゥフ、メリカ、ブ・ヌラの五つだ。この谷は一九八二年にユネスコの世界文化遺産《せかいぶんかいさん》に指定《してい》された。

ここに住むムザブ人は外界《がいかい》のことには興味《きょうみ》を持たず、一九五〇年代に長く続いたアルジェリアのフランスからの独立戦争にも参加しなかった、という。したがって、近年アルジェリアを吹き荒れた反政府テロ活動にも関与《かんよ》していなく、反政府組織《そしき》もここでは活動できない、という。つまり、ムザブの谷に居《い》るだけなら安全なはずだが、それにしても外国人の姿がない。

ムザブの谷に住む人々がイスラムのピューリタンなどと表現されていることもある

が、私には両方に共通の禁欲的《きんよく》、教義《きょうぎ》に忠実《ちゅうじつ》ということだけで、同列に並べるのには少し違和感《いわかん》がある。アメリカのペンシルヴェニア州などに多い、アーミッシュ（キリスト教の一派）は世界大恐慌《だいきょうこう》があったことを知らずに生活していた、という話と似《に》たような生活を送っているのかなあ、とは思う。しかし、ムザブの人たちがアーミッシュのような生活をしている人たちだ、とは言い切《き》れない。教義を守って、生活を律《りつ》して生きる人たちはヒンドゥー教、ジャイナ教、仏教《ぶっきょう》にもよく見られる。

ガルダイヤでめずらしく、数人のヨーロッパ人のグループの姿を見た。彼らはアルジェリア人のガイドに守られて行動していた。ガイドもはたから見ると、この土地で居心地《いごこち》が悪いのか、おどおどしていた。初日《しょにち》に泊《と》まった大きなホテルもムザブの資本《しほん》ではなく、政府がつくったので、ぎこちない異様《いよう》なサービスで、前にも書いたがフロント、ルームサービス、レストランの給仕《きゅうじ》などはただ配属《はいぞく》されただけで仕事の内容をまったく理解していない幽霊《ゆうれい》のようであった。ムザブの谷はアルジェリア人にとっても異国なのだ。

滞在中《たいざいちゅう》、谷に散《ち》らばる五つの町を訪《おとず》れた。町はそれぞれがそれほど離れていない。すべての町はムザブの谷の丘の上に発達《はったつ》している。まず一番奥のエル・アトゥフに行った。ガルダイヤからたったの九キロだ。ムザブの町のいくつかは聖地《せいち》なので、町を一人で自由に

بلدة العطف ترحب
بالضيوف الكرام
EL'ATTEUF ...
Vous souhaite une agréable visite.
Dans la cité, le guide est obligatoire.
Nous vous prions de respecter
nos traditions
El-Atteuf ...
the oldest city of M'Zab
wishes you an enjoyable
staying.
We will be even more
grateful for your visit if:
You respect our tradition

エル・アトゥフはムザブの人たちにとっての聖地。町に入ると木の注意書き。町の人たちの伝統を守って「タバコはおやめください」「人の写真は撮らないでください」「女性は肩や足が見える服装をご遠慮ください」とあった。

歩くことができない。町が指定した案内人《あんないにん》とともに行動しなければならない。案内の時間は決められていて、その時間がくるまで町の入り口で待つ。

時間になるとエル・アトゥフの案内人がきた。彼に導《みちび》かれながら迷路《めいろ》のような道を登って頂《いただき》にあるモスクまで行く。案内人はフランス語しか話さない。知っているフランス語の単語、英語にもある単語を頭の中で組み合わせ彼の説明を理解しようとした。

丘にある町を一通《ひととお》り案内されてから、丘を下に降りて墓所《ぼしょ》に行った。墓所には墓石《ぼせき》の中にイスラムの礼拝堂《れいはいどう》、シェイフ・シディ・ブラヒムがあった。その中に入っての印象《いんしょう》は、ル・コルビュジエのロンシャン礼拝堂内部に入ったときと同じ気分がした。厚《あつ》い泥の壁《かべ》、メッカの方向を向《む》くミフラーブ（壁のくぼみ）がある。この建物の方向性はメッカが決定している。それを方向軸《じく》として明《あ》かり採《と》り窓《まど》が開けられている。それにしても泥でつくられた空間に居《い》ると気持が落ち着《つ》く。

ロンシャン礼拝堂の方向性はどこなのだろう、という疑問が湧《わ》いてきた。またロンシャン礼拝堂を遠くから見て、その屋根を視界《しかい》から外《はず》し、無視《むし》すると、たとえばズームレンズで屋根を切って壁だけをファインダーで見ると、または撮《と》ると、それはこの墓所の礼拝堂の壁とほとんど同じではないか、と思う。

フランス東部、スイスとの国境に近いロンシャンの町にあるル・コルビュジエ設計のノートルダム・デュ・オー礼拝堂。

ムザブの谷最大の町、ガルダイヤ。家々にパラボラ・アンテナが目立つ。

右下にエル・アトゥフの墓所の礼拝堂シェイフ・シディ・ブラヒムがある。これに屋根を付ければフランス、ロンシャンにある礼拝堂に似る(谷にはナツメ椰子の林が見える)。

ムザブの谷の町の一つ、ブ・ヌラ。丘の上と下のモスクのミナレット(尖塔)の形が独特。

ル・コルビュジエは一九三〇年代にアルジェに新しい町並《まちな》みをつくるアルジェ基本計画を提案《ていあん》したが四二年に否決《ひけつ》された。その計画のためにアルジェに来た時、頻繁《ひんぱん》にムザブの谷を訪《おとず》れていた、という。

ガイドはさかんにル・コルビュジエの名とロンシャンという単語を説明にはさむ。つまりガイドがル・コルビュジエはこの墓所の礼拝堂からロンシャン礼拝堂のヒントを得《え》た、と言っているのだろう。

ムザブの谷の三つの要素《ようそ》は、一つにはクサールという冬の町、次がナツメ椰子《やし》の林、そして墓地《ぼち》だ。ナツメ椰子の林は、もしかして砂漠《さばく》にあるものとして世界一かもしれない。イラクのチグリス川とユーフラテス川のつくるデルタ（三角州）でも濃密《のうみつ》なナツメ椰子の林を見たが、あそこは砂漠ではない。チュニジアのオアシスにもナツメ椰子の林が、エジプトのスィーワ・オアシスにもそれがあった。しかしここでは見渡《みわた》すかぎり、そして見渡せる向こうにもナツメ椰子が植えられている。たぶん、ムザブのナツメ椰子林は世界一だ。

冬の町クサールとは、現《げん》に見えている五つの町のことだが、夏には冬とは別の町がナツメ椰子の林の中にある。そこでは砂漠に降《ふ》る、突然《とつぜん》の雨水《あまみず》を地下《ちか》に溜《た》め込《こ》むプールがあり、それが灌漑《かんがい》の水になっている。夏の町には複雑《ふくざつ》な道があるのだが、雨が降るとそれは水路《すいろ》になる。そこから、ナツメ椰子《やし》の畑に水を導《みちび》くための仕掛《しか》けもある。

砂漠の雨は熱帯の雨季《うき》、日本の梅雨《つゆ》とは違い、どこか別のところに降った雨が集まって川になり、ふだん枯《か》れている川、ワディを濁流《だくりゅう》となって流れる。そのときの水を畑に導《みちび》き、地下に溜《た》める。

墓所《ぼしょ》の墓石《ぼせき》は簡単な石が置かれているのがほとんどで非常にシンプルだ、しかし、そこに陶器《とうき》やその破片《はへん》が塗《ぬ》りこめられ、置いてある。それは過酷《かこく》な土地の乾《かわ》いた墓地のささやかな潤《うるお》いに見えた。

次にブ・ヌラの町を撮影《さつえい》しようと、ベスト・ポジションを探《さが》した。手前に枯《か》れ川、そして丘に張《は》り付くように伸《の》びる家並《いえな》み、そして丘の頂《いただき》にあるモスクとそのおかしな形の塔、ミナレットがうまく収《おさ》まるようなポジションを歩いて探した。

その撮影が終わると、すぐ近くのベニ・イスゲンを岩山の上から撮《と》るつもりで山に登った。強い風が吹いてきた。頂《いただき》に三脚《さんきゃく》を立てたがカメラが風で揺《ゆ》れる。あきらめて手持ちで撮影した。風に砂が混《ま》じりはじめ風景がボンヤリしてくる。山の上から見える四つの町のモスクのミナレットが霞《かす》んでいる。その日の撮影は、そこまでにした。

ブ・ヌラの墓所の礼拝堂内部。

ガルダイヤに戻り、夕食をいつも行くレストランでとった。もう三回目だ。面白《おもしろ》いことに、何を食べても同じ値段《ねだん》だ。給仕《きゅうじ》する人が旅人《たびびと》に、もてなしの心で接《せっ》している、と思われる。彼は経営者《けいえいしゃ》ではないので、それで良いのだろうが、いつもより多い食事、そしてデザートまで頼《たの》んでいるのに会計が前日と同じ、というのはおかしい。が、それがガルダイヤの人のやり方なのだろう。

聖《せい》なる町、ベニ・イスゲンを訪《おとず》れた。町の入り口でガイドを待つ。ここも外部の者に厳《きび》しい町だ。町でよい光景を見ても写真は撮《と》れない。シャッターを押せないので、すこしストレスがたまる。モスクのなかにももちろん入れない。外からミナレットを撮る。それは石を泥《どろ》でつないで天に伸《の》ばしたのだろうが、表面《ひょうめん》は泥で塗《ぬ》られた面白《おもしろ》い形だ。丘の上からどこまでも伸びる、ナツメ椰子《やし》の林を見た。

ガルダイヤも古い町を歩くにはガイドが必要だ。ガイドを待って町を歩いた。ここは以前までは観光客が押し寄せていたのだろう、住民は外部の人に慣《な》れている。丘の斜面《しゃめん》に建《た》つ家は地下《ちか》にも部屋があって、立体的《りったいてき》だ。ル・コルビュジエはガルダイヤをはじめとしたムザブの町の在《あ》り方《かた》を徹底的《てっていてき》に調べた、と思われる。彼の建築《けんちく》や都市計画にムザブの谷の町の在り方の影響《えいきょう》が見てとれる。近代建築にはくわしくないが、そう思った。

アルジェへの飛行機便《びん》は帰路《きろ》も満員であった。再《ふたた》びバスで六〇〇キロの道を帰るのだ。毎日の悪夢《あくむ》でよく眠《ねむ》れず、疲《つか》れていたがバスに乗った。

アルジェの宿は港近く、旧市街カスバからそう遠くないホテル・サフィールに泊《と》まった。このホテルは昔、ホテル・アルフィといって、有名なジャン・ギャバン主演《しゅえん》の「望郷《ぼうきょう》」という映画に出てきたところだ。名前こそ変わったが以前のままの姿で営業されている。部屋は広く天井《てんじょう》も高い。窓からは港が見える。時間が数十年も戻ったような空間だ。絨毯《じゅうたん》、カーテン、たっぷりとした大きさのベッド、シーツ、ベッド・カバー、どれもが昔のままのようだ。相当《そうとう》くたびれてはいるが、今となっては広さが贅沢《ぜいたく》な空間だ。風呂《ふろ》やトイレの備品《びひん》も一九六〇年代、七〇年代にパリやフランスでよく見たものだ。まるで博物館《はくぶつかん》に泊まっているようであった。町の中心がすでにずれてしまっているので、ホテルのある地区は今では寂《さび》れた場所になっている。なぜかここでは悪夢から解放《かいほう》されてよく眠《ねむ》れた。

日本に戻り、本屋に立ち寄《よ》り、五〇〇〇円で売っているDVDの「望郷」を買って観《み》た。一九三七年につくられた映画は当時のアルジェが映《うつ》っているが、撮影《さつえい》されたカスバはまだ、実際にその部分がかろうじて残っていて、ホテル・サフィールもホテル・アルフィとして映画に出てきた。

アルジェリアの政治情勢《じょうせい》が落《お》ち着《つ》き、投資《とうし》が行なわれるようになったら、ホテル・サフィール（アルフィ）は取り壊《こわ》されるか、モダンに改装《かいそう》されるだろう。

二〇〇七年九月、またアルジェリア西部《せいぶ》海岸近くの町で爆弾《ばくだん》テロが起《お》こった。それは目標《もくひょう》に正確《せいかく》なテロで、以前のような無差別《むさべつ》的で陰惨《いんさん》なものではないが、反政府組織《そしき》に新しい勢力が参加した、と想像《そうぞう》させられる。

政治的なこととは関係なく、ヨーロッパにとってアルジェリアはロシアとノルウェーに次《つ》ぐ天然《てんねん》ガスの供給国《きょうきゅうこく》だ。また、西アフリカのナイジェリアからサハラ砂漠《さばく》を縦断《じゅうだん》してアルジェリア沿岸《えんがん》に至《いた》るパイプラインも建設中《けんせつちゅう》だ。中国もアルジェリアの原油《げんゆ》獲得《かくとく》のため建設事業《じぎょう》に力を入れている。経済活動が活発化《かっぱつか》して、アルジェが潤《うるお》う日も近い、と思われる。アルジェ旧市街《きゅうしがい》のカスバも今のうち手を打っておかなければ、経年《けいねん》、自然崩壊《ほうかい》するだろう。

もう一度、フランスのロンシャンに行ってル・コルビュジエのつくった礼拝堂《れいはいどう》を見たい、と思う。

9 目がある家

何年も前からルーマニア北西部、マラムレシュ地方にはいつでも行ける、と思いつつ、気がつくと時間が経《た》っていた。一九九一年、ハンガリーに取材《しゅざい》に行ったついでにルーマニアも取材した。一九八九年一二月二五日、独裁者《どくさいしゃ》とされていたチャウシェスク大統領《だいとうりょう》が処刑《しょけい》され、ルーマニアも新しくなった、と思ったからだ。

一九八九年は世界史に残る年だ。東ヨーロッパは当時社会主義体制で、東ドイツ、ポーランド、チェコスロヴァキア、ハンガリー、そしてルーマニア、ブルガリア、ユーゴスラヴィア、またこれらの国とは違う路線だったがアルバニアなどの国があった。この陣営《じんえい》の中の国民は社会主義体制国の中での旅行は比較的自由であった。一九八九年八月一九日、東ドイツの旅行者がハンガリーへの旅行をし、ハンガリーの西、ショプロン近郊《きんこう》からピクニックを装《よそお》って何もない原っぱに出かけた。そこからオーストリアの国境を越え、西側に逃げた。この動き以降《いこう》、堤防《ていぼう》に空《あ》いた小さな穴から水が漏《も》れ、穴が大きくなって、ついに堤防が決壊《けっかい》するように、社会主義体制は崩壊《ほうかい》をはじめた。何もない原っぱとオーストリアのノイジードラー湖周辺《しゅうへん》は二〇〇一年、フェルテー・ノイジードラー湖の文化的景観《けいかん》(Fertő/Neusiedlersee Cultural Landscape) としてユネスコの世界遺産《せかいいさん》になっている。

この事件から三ヶ月後、ベルリンの西と東を分ける壁が崩壊《ほうかい》、他の社会主義国も時を前後して民主化した。その最後の出来事が一九八九年一二月のルーマニア、チャウシェスク政権《せいけん》の崩壊であった。


最初にルーマニアを訪《おとず》れたのは遠い昔の一九七一年だった。二度目は一九七七年で、その頃は入国ビザも必要だったし、車で国境を越えるときは車体番号、エンジン番号までも書類に記入しなければならなく、国境を越えるのは実に煩雑《はんざつ》だった。

一九九一年は国境通過《つうか》も簡単で、ルーマニアに入ってすぐに、パリのポンピドゥー・センターに作品が常設《じょうせつ》されている彫刻家《ちょうこくか》、ブランクーシの生まれた町や家を撮影《さつえい》に行き、ついでにマラムレシュ地方に回った。木彫師《きぼりし》の家に生まれたブランクーシは徒歩《とほ》でパリまで行き、そこで活動して作品が認《みと》められた。彼の作品も素晴《すば》らしいが、ヨーロッパ大陸の東の果《は》てから徒歩でパリまで行った、という行動に興味《きょうみ》を持ったのだ。ブランクーシのような真直《まつす》ぐで、大胆《だいたん》な行動をする人が好きだ。

一九九一年初夏《しょか》、一年半前に社会主義体制が崩壊したとはいえ、マラムレシュ地方は辺境《へんきょう》にあるので、中央の体制が変わっても一般の人々の生活は社会主義時代とほとんど変わっていないように見えた。イザ川流域のこの地方は三方をカルパチア山系に囲《かこ》まれた僻地《へきち》なので、その文化、生活習慣《しゅうかん》が周辺から隔離《かくり》され、熟成《じゅくせい》されて残っていた。

このころのマラムレシュ地方にはホテルが少なかった。それがあっても、ホテル自体、社会主義時代のままだった。事務的なサービス、無味乾燥《むみかんそう》な部屋やロビー、社会主義丸出《まるだ》しの空間であった。このホテルに泊《と》まり、マラムレシュを回った。

村の人々、特に老人はこの地方独特の服装《ふくそう》をし、独特の帽子《ぼうし》を頭に載《の》せていた。四〇数年間の社会主義時代がこの隔離《かくり》された地方の時間を時代の流れから封印《ふういん》していた、と思った。

この地方の家はモミの木をふんだんに使ってつくられている。土台《どだい》には石を並べ、その上に材木を惜《お》しげもなく使って、家を建《た》てる。屋根も木の板で葺《ふ》かれている。柱や家の部分には彫《ほ》り物が施《ほどこ》されている。敷地《しきち》の門も材木を大胆《だいたん》に使ってつくられている。門は馬車が通れるように大きく開かれるようになっていて、その隣《となり》に人が出入りする小さな木戸がついている。門柱《もんちゅう》や扉《とびら》には、力強い木彫《きぼり》の模様《もよう》が彫《ほ》りこまれていて、木と共《とも》に生きている人々の存在感が示されているようだ。

家の屋根の下には少し広めの屋外廊下《おくがいろうか》、またはベランダがあり、そこはピクルスなどの漬物《つけもの》をつくるといった軽い作業をする空間になっている。ベランダの上にはタマネギ、ニンニクなどが干《ほ》されていて生活感のある空間になっている。

家への入り口は真ん中にあり、入った奥が台所だ。その両側に部屋があり、居間兼《けん》寝室になっている。居間兼寝室の壁には素朴《そぼく》な皿などが飾《かざ》られていて、生活そのものを大切にしているのが伝わってくる。

マラムレシュの人々は人懐《ひとなつ》っこくて、よそ者に対する警戒心《けいかいしん》など持ち合わせていないようだ。どこへ行っても、家の中を見せてくれた。天井裏《てんじょううら》がどうなっているか知りたくてルーマニア語はできないものの、ジェスチャーでその意思《いし》を伝えると、どこからか梯子《はしご》をもって来てくれた。台所の上の天井板を外《はず》し、梯子をかけてくれた。梯子を上《のぼ》って天井裏へ入ると、農作業の道具や保存食料などが置いてあった。台所で使った火の煙出《けむだ》し穴が屋根に開《あ》いていて、そこから外の光が天井裏に入っていた。

この煙出し穴は、遠くから見ると人間の目のように見える。マラムレシュを歩くと木の

マラムレシュ地方の家にはどっしりとした木の門がある。左は馬車用、右は人間用の木戸があり、柱には彫刻がほどこされている。

家の板張り屋根にある煙出《けむだ》し穴に見つめられることになる。家に目がある、などおかしな表現だが、本当にそう感じる。家自体に人格《じんかく》ならぬ家格があるのかも知れない。

また、変なものが庭先に見える家もある。材木として切った木の上部を庭に立てて、枝を適当に残す。枝に鍋《なべ》やフライパンなどの調理道具を干《ほ》し、太陽に当てるためのものだ。枝に干されている調理道具は赤や黄色、緑などの色がついたホーローが多いので、遠くから見ると枯《か》れ木に花が咲《さ》いているように見える。これまた生活を大切にし、楽しむマラムレシュの風景だ。マラムレシュにはこの地方独特の生《い》け花《ばな》アートがある。

世界中を取材して回っていたので、マラムレシュに一〇年以上行っていない、と気がついた。二〇〇五年、オーストリアのウィーンを基地《きち》にブルガリア取材をした帰り、マラムレシュを回ってウィーンに戻ろう、と思った。ブルガリアからドナウ川を渡り、ルーマニアに入って、そのままハンガリーを横切れば、すぐにウィーンなのだが、しばらく訪《おとず》れていないマラムレシュに行きたくなったのだ。ルーマニアの地理は知りつくしているので、予定を変えて大回りしても日程的に大丈夫《だいじょうぶ》だ、と計算した。

車で抜けるには時間がかかる首都《しゅと》のブカレストには入らず、大回りして北を目指《めざ》した。

モルダヴィア地方、スチャヴァ県にある世界遺産に登録《とうろく》された教会をはじめ、山の中にあるいくつもの修道院を訪《たず》ねた。教会や修道院は山の中の不便《ふべん》なところに建《た》っているので、そこに至《いた》る道路の状態が悪い。しかし自分の四輪駆動車《よんりんくどうしゃ》は車高《しゃこう》が高く、状態の悪い道路でも底を擦《す》らずに走れたので、能率的《のうりつ》に回れた、と思う。

教会や修道院はフレスコ画を修復《しゅうふく》中のところが多く、その作業を数多く見せてもらった。フレスコ画の修復は時間がかかり、なおかつ緻密《ちみつ》な作業となる。現場は静かで、そこには、なにものをも寄《よ》せつけないような緊張感《きんちょうかん》が漂《ただよ》っていた。作業は何百年もの過《す》ぎ去《さ》った時間と対話するように行なわれていた。

車を西に向け、峠《とうげ》をいくつも越《こ》えた。細い二車線の道で、材木を満載《まんさい》したトラックと何度もすれ違った。山には木が多い。

一四年ぶりのマラムレシュ地方は変化していた。ホテルの数も増え、木造《もくぞう》の家の姿も心なしか少なくなって、味気《あじけ》ないコンクリート・ブロックとトタン屋根の家が増えた。それでもマラムレシュの木造の家は数多く健在《けんざい》であった。しかし、世《よ》の中《なか》が変わり、木造の家に住む人たちは年をとってきた。次の世代が、そこに住むのは稀《まれ》だ。木の板の屋根に目が

上：木で葺(ふ)かれた屋根に煙出しがあるが、それが人の目のように見える。

右：鍋や食器を乾かしているのだが、マラムレシュ式華道と言えなくもない。

左上：ブコビナ地方には外壁にフレスコ画の描かれた修道院が多い。

左下：ブコビナ地方の山の中の修道院を訪れた。四輪駆動の愛車。雪道を走ったのでツララが下がっている。

Casa Avram
950 m

ある家の姿は、冷静に見て数が少なくなってきている、と感じた。

以前はなかった私営のホテルに泊《と》まった。そこのレストランで給仕《きゆうじ》してくれた人が英語が上手《じようず》だったので、いろいろ世間話《せけんばなし》をした。「一四年前、ここに来たが、それからマラムレシュは変わったかね」と聞くと、吐《は》き捨《す》てるように「なんにも変わっていないよ。チャウシェスクのときと同じさ」という。民主化とは名ばかりで、共産党支配の頭がすげ変わっただけで、この国の本質は変わっていない、ということか。本当の意味の民主化とは少し違うようだ。しかしヨーロッパ各国をはじめとした外国から、また国内からの観光客が増えて、その宿泊設備《しゆくはくせつび》も整《ととの》ってきた、とは言える。中世のヨーロッパの農村生活が奇跡《きせき》的に残っている、といわれたマラムレシュに、それを目で見て感じるために観光客が押し寄せてきているが、昔と比べこの地方は確実に変化している。

道路周辺の風景も変化していて一四年前の記憶《きおく》をたぐり寄せるのに苦労した。車を道端《みちばた》に停《と》めて以前の記憶をたぐっていると、見覚えのあるおばさんが目の前の木戸から出てきた。一四年前に撮影《さつえい》した人だ。懐《なつ》かしくなって声をかけた。ひとしきりしておばさんはこちらを思い出したように見えた。当時撮影した写真を郵便《ゆうびん》で送っていたからか。

車の中に放《ほう》り込んである『地球生活記』を持ち出し、その中のルーマニアのページを開いておばさんに見せた。おばさんは非常に喜んで、家の中に招《まね》き入れてくれた。旦那《だんな》さんと本をめくりながら「この写真に写《うつ》っている娘とその子どもは、引っ越して近くの町に住んでいる」という。昔、日本から送った写真も引き出しから出して見せてくれた。おばさんと旦那《だんな》のポートレートを撮《と》らせてもらったが、おばさんは、年をとっておばあさん、になってしまったなあ、と思ったが、実際、こちらも年をとっているのだ。一四年ぶりにお互《たが》いに鏡を見ている、ということだろう。そこに映《うつ》っているのは他人だが、実は時間が映っていたのだ。目の前に本物の鏡があったら、そこにはジジイの姿があるだろう。そんなことを考えて、頭が少しクラクラした。この一四年間、実に忙《いそが》しかった、と思った。アッと言う間であった。

前回見落として、気が付かなかった、水車小屋をみつけた。水車を動かす水を溜《た》めるプールは厚い板でできている。さすが木の里だ。日本の浴槽《よくそう》も木でできているものがあるが、その大型版《ばん》だ。水車を動かす時は水をそこに導《みちび》く。一方、毛《け》織物《おりもの》が編《あ》みあがったら脂《あぶら》をとばし、折り目を安定させるため、洗《あら》う。その洗い方が面白《おもしろ》い。水の落差《らくさ》を利用して、さきほどのプールから水を樋《とい》で導き、落下する水の勢《いきお》いで毛織物を洗う。下には木を継《つ》ぎ合わせた円錐形《えんすいけい》の桶《おけ》があり、水をそこで受ける。水を円錐形の桶に落とす樋《とい》に角度をつけて水流が発生するような仕掛《しか》けがしてある。毛織物を編《あ》み終わったら、その桶《おけ》に入れて一時間ほど水流にまかせて洗う。木を継《つ》ぎ合わせた桶は、木のつなぎ目に余裕《よゆう》を持たせてあるので水は勝手《かって》にそこから漏《も》れるように流れる。一応撮影《いちおうさつえい》したが、もし次回来る時は、このエコロジカルな洗濯機《せんたくき》をもっと探してみよう、と思った。

近くのサプンツァにあるイラスト墓場《はかば》に寄ってから、ハンガリーまで走り、温泉で休んでウィーンに帰ろう、と車を走らせた。

サプンツァにあるイラスト墓場は、木彫《きぼり》の墓碑《ぼひ》が並び、それには故人《こじん》の生前《せいぜん》のことが彫《ほ》りこまれ彩色《さいしょく》されている。人が亡《な》くなって、その人がどんな生活をしてきたか、ということが一目で分かるようになっている。死を客観的に捉《とら》え、死者の墓標《ぼひょう》が今、生きている人々の生活の一部になっていて、見て楽しい。

一番多いのは女性が機織《はたおり》をしている絵柄《えがら》だ。マラムレシュの生活がよく分かる。羊を放牧《ほうぼく》中に雷《かみなり》に打たれて亡くなった人の墓標には、羊の放牧中に稲妻《いなずま》がその人を襲《おそ》った絵が描いてある。また、酒ばかり飲んで亡くなった人の墓標には酒ビンが数多く描かれていて、それを飲んでいる人、そしてその下で悪魔《あくま》が足を引っ張っている。

故人を一枚の絵で表わしたイラスト墓場の墓標。

思わず足を止めたのは、女の子が自動車にはねられた絵が彫《ほ》られていた墓標《ぼひょう》だ。それを見て心が痛《いた》んだ。その子は事故《じこ》に遭《あ》ったのち、天使《てんし》になっている。それを父親と母親が優《やさ》しく見守っている絵が彫られていた。悲劇を客観的に残すことで、墓参《はかまい》りする人に、ある種《しゅ》の感動を与《あた》えている。

この墓所《ぼしょ》は年々知られるようになって「陽気なイラスト墓場」などと表現されているが、稚拙《ちせつ》な絵柄《えがら》がどこか可笑《おか》しいのは確かだ。

イラスト墓場を後にして、一路《いちろ》ハンガリー国境に向け車を走らせた。国境を通過してハイドゥーソボスローというハンガリーの温泉保養地《おんせんほようち》で、庭が広く、台所が付いている宿に泊《と》まって温泉でゆっくりした。庭の大きな木の下に車を止めていたが、宿のおばさんが口に人差《ひとさ》し指をあてて、上を見ろ、という。静かにして上を見上げたらフクロウが二羽《わ》、枝にとまって寝ていた。フクロウは昼間寝て、夜活動するのだ。

次の年、二〇〇六年秋に再《ふたた》び、マラムレシュ地方を訪《おとず》れた。たった一年経《た》っただけなのに、新しいホテルの建設がいくつも行なわれていて、マラムレシュは激変《げきへん》中だ。住む人を失《うしな》った木の家が放置されて、朽《く》ちるにまかせてある。そんな姿を見るのは悲しいが、それが現実だ。

　主要道路を外《はず》れて、今まで通ったことのない道を走った。すると、前の年に見た自然力洗濯機《せんたくき》がいくつもあって、使われていた。毛織物《けおりもの》の洗濯だけでなく、普通の洗濯機として使われている自然力洗濯機もあった。

　大きな水車小屋では水車でトウモロコシを挽《ひ》いて粉にしていた。人間が食べるのか、と思ったが、それは牛に食べさせるためのものだった。人も牛も同じものを食べる、マラムレシュ的だなあ、と妙《みょう》に感心した。

　自然力洗濯機のある水のシステムの近くに酒の蒸溜器《じょうりゅうき》が動いていた。銅《どう》でできた蒸溜器は何年も村人に使われてきた貫禄《かんろく》があるが、パイプの継《つ》ぎ目が具合《ぐあい》悪くなっている。また蒸溜器本体にも穴があいている。酒を蒸溜しに来た人は樽《たる》に入った発酵《はっこう》したプラムと一緒《いっしょ》に小麦粉を練《ね》ったものを持ってくる。それでパイプの継《つ》ぎ目や蒸溜器の穴を塞《ふさ》いで作業にかかる。発酵したプラムを釜《かま》に入れ火を炊《た》く。蒸発《じょうはつ》したものをパイプに通し、水車小屋付属《ふぞく》のプールから引いてきた冷《つめ》たい水で冷《ひ》やすと蒸溜酒《じょうりゅうしゅ》ができる。酒をつくっている人が蒸溜器から酒が出てくるとすぐに味見《あじみ》をする。だからできあがった蒸溜酒がなかなかバケツに溜《た》まらない。なにしろ酒ができあがると、まず飲んでしまうのだから。

上：14年ぶりに会ったおばさんは、その年月、年をとっていたが部屋は以前と同じ。

左上：マラムレシュ地方の自然力洗濯機。水の落差で洗濯ものを洗う。

左下：水車小屋近くの蒸溜酒をつくる銅の釜。古くて隙間や穴があるが、そこは小麦を練ったものでふさいで作業する。

こんな牧歌《ぼっか》的な風景も二〇〇六年までで、終わりとなるだろう。ルーマニアは二〇〇七年一月一日にEU、ヨーロッパ連合に加盟《かめい》した。これからは酒を蒸溜《じょうりゅう》すること自体に料金、税金《ぜいきん》がかかるようになるだろう。したがって、自分たちで酒をつくるより、買ったほうが安い、ということになり、水車小屋で酒をつくる風景は早晩《そうばん》消えるだろう。EUの規則がヨーロッパ諸国《しょこく》が持っていた独特の風物《ふうぶつ》や生活風景をアイロンをかけるように平《たい》ら、一律《いちりつ》にする。その地方、その国々で育《はぐく》まれた文化や生活風景が消えてゆくのは寂《さび》しいことだ、と思う。

10 ワラの家

アリゾナのビル・スティーンからEメールが来た。メキシコの太平洋岸《たいへいようがん》にあるシウダード・オブレゴン郊外《こうがい》でバラック小屋《ごや》を建《た》てて住む不法占拠地《ふほうせんきょち》の村に五〇〇ドル（当時約六万円）の予算《よさん》でワラの家をつくるワークショップをするので来ないか、という用件《ようけん》だった。もしワークショップに参加できるのなら、日本からニガリを持ってきてくれないか、とEメールに付け加《くわ》えられていた。ニガリは日本の土間《どま》をつくるのに使われる。文献《ぶんけん》だけで知るニガリとはなんだろう、というのが彼の疑問であった。スケジュールを調整《ちょうせい》してワークショップに参加することにした。

帰路《きろ》、彼が住むアリゾナのツーソンに立ち寄れるようにした。飛行機の便《びん》を決めて返事《へんじ》を出した。するとシウダード・オブレゴンに到着した日、ホテルを予約しておく、と返事があり、そのホテルの名前と住所、電話番号が送られてきた。

アメリカに急に用事があるとき、普通の航空《こうくう》会社の便はかなり満員だが、裏技《うらわざ》としてブラジルのサンパウロ、リオデジャネイロ行きの飛行機はロサンゼルスまで、いつも席が空《あ》いている。まず、南米路線の飛行機でロサンゼルスに行き、当時格安《かくやす》の国内線で知られていたサウス・ウエスト航空をコンピューターで予約してアリゾナのツーソンまで行く。そしてそこからシウダード・オブレゴンまで飛ぶ、というものだった。

ビル・スティーンとの出会いは、奇跡《きせき》的であった。世界中の家の形を集めた『地球生活記』という本を出したとき、とある編集者《へんしゅうしゃ》から連絡があり、建築雑誌《けんちくざつし》で建築家の丸山欣也《まるやまきんや》さんと対談《たいだん》をしてくれないか、という申《もう》し出《で》だった。結局私も丸山さんも忙《いそが》しく、対談はできなかったが編集者が個別に取材をして、建築雑誌の誌上《しじょう》で二つの記事を並べて、対談ふうのページをつくってくれた。

それとは別に、四谷にある事務所を訪《おとず》れたラスベガスに住む友人が「ストロー・ベイル・ハウス」という麦ワラで家をつくる方法が紹介《しょうかい》されている、アメリカでベストセラーになっている本を見せてくれた。表紙《ひょうし》をコピーさせてもらい、著者《ちょしゃ》の名前と住んでいるところのページもコピーした。著者のビル・スティーンに会ってみよう、と思った。電話やファックスで出版社にビルの住所を問い合わせることも考えたが、それも一仕事だ。電話、ファックスなど便利ではあるがリアリティーがない。アリゾナに行って、直接、著者のビルに連絡してみよう、と思った。究極《きゆうきよく》、ツーソンに行って建材店《けんざい》や建築家の事務所などを訪《たず》ねてビルのことを聞けば、彼の居場所《いばしよ》はおのずからわかる、と思った。

建築雑誌で誌上対談した丸山欣也さんに電話で挨拶《あいさつ》をしたとき、これからアリゾナに行ってビル・スティーンという人に会いに行く、と言った。友人が住んでいるラスベガスに入って、そこから出る、とも伝えた。当時ラスベガスには成田から直行便《ちよつこうびん》が出ていて便利だった。レンタカーも予約した。

出発の前日に丸山欣也さんから一枚のファックスが入り、ニューメキシコ州にあるラグーナ・プエブロというアメリカ先住民《せんじゆうみん》（アメリカ・インディアン）の村の教会の壁の修復《しゆうふく》ワークショップがあるので、よかったら来ないか、というものであった。地図を見るとラグーナ・プエブロというのはラスベガスからアリゾナへ行く途中《とちゆう》にある。立ち寄ってみよう、と思った。

ラスベガスは途方《とほう》もない町だ。飛行機が着陸し滑走路《かつそうろ》をゆっくり動いているとき窓からは巨大《きよだい》なピラミッドとスフィンクスが見えた。砂漠《さばく》に人工《じんこう》的につくられた人工的な蜃気楼《しんきろう》に見えた。アメリカ経済の本質が形になっている。人々や資本が蜃気楼《しんきろう》の姿、形に熱狂《ねっきょう》し続々《ぞくぞく》と集まってくる。蜃気楼は幻《まぼろし》なのでいつか消えるのだが、そんなことはお構《かま》いなしだ。この町に続々と建《た》つ建物は巨大《きょだい》な投資《とうし》がされ、それを早く回収し儲《もう》ける、とにかく資本を回す、それが経済だ、と言っているのが具体的な形になっている。正直度肝《しょうじきどぎも》を抜かれた。

飛行場でレンタカーを借りて資本と人で沸《わ》き返るようなラスベガスの町を抜けると、もう砂漠だ。砂漠にはなにもない、のである。たった今通ってきた町は、蜃気楼《しんきろう》だったのだ、と本当に思えた。

ネバダ州からニューメキシコ州に入り、そこで旧ルート66と何度か交差《こうさ》した。ルート66とは昔のテレビ連続ドラマのタイトルで、中学生、高校生のとき毎週のように観《み》ていた。古き良き時代のアメリカの物語で、コルベットというオープンカーで二人の若者が旅の途中《とちゅう》で出合《であ》うことがらについてのドラマだった。

一九六〇年代初期に撮《と》られたドラマで、当時の若者はジーンズをはいているわけではなく、靴《くつ》もスニーカーではなくて黒の短靴《たんぐつ》だったのが、妙《みょう》に印象《いんしょう》に残っていた。まあ、ルート66という番組を同時代で観ていた、ということになるのだが、ドラマの背景《はいけい》になった道路の風景が道路廃止《はいし》のおかげでそのままに残されていることがあった。たとえば、道路際《ぎわ》のモーテルも六〇年代のまま、化石《かせき》のように営業されていた。もちろん経営者は変わっているが、古いネオンサイン、部屋は現在のモーテルと比《くら》べ、広めで洗面所も使い古されているが当時のままだ。新しい経営者は設備《せつび》を新しくする経済的余裕《よゆう》がないのだろう。値段《ねだん》も安いが、そういうモーテルに泊《と》まると、時代、時間を越《こ》えた時《とき》の中で眠《ねむ》れた。

丸山欣也さんが送ってくれたファックスにあったラグーナ・プエブロは、今にも消えそうな村で、住民はラグーナと呼ばれるアメリカ先住民《せんじゆうみん》（アメリカ・インディアン）だ。一般にアメリカ・インディアンというと西部劇《せいぶげき》に出てくるアパッチなどの草原《そうげん》インディアンと思いがちだが、定住し畑を耕《たがや》すプエブロ・インディアンという人たちがニューメキシコ州、アリゾナ州に多い。もとをただせば、トウモロコシ、カボチャ、インゲン豆などを耕作《こうさく》していたアナサジ人という定住民の子孫《しそん》なのだが、彼らのつくる村によって呼び名が違う。ホピ、ズニ、タオス、アコマなど、草原インディアンとは違う文化を持って生きてきた人々だ。

若き頃《ころ》、さきほどのルート66、という番組の中で印象に残っていたことをギャラップという町で思い出した。古いモーテルで寝ていると、貨物《かもつ》列車の音が聞こえる。昔、見たテレビ番組にも、その貨物列車の音があったな、とベッドの中で思い出した。しかし、今にも滅《ほろ》びそうな村、ラグーナに行くと、その列車はこのあたりで採《と》れたウラン鉱石《こうせき》を運ぶために敷《し》かれた鉄道だったのではないか、と思った。ラグーナ近くではウラン鉱石の露天掘《ろてんぼ》りが行なわれていた。それは今でも掘《ほ》りっぱなしで露天の鉱山《こうざん》は土で埋《う》められることなく放置《ほうち》されている。

　定住インディアンの過酷《かこく》な歴史が伝わってきた。ラグーナ・プエブロのワークショップは、村の中心にある本来泥《ほんらいどろ》でつくられた教会の壁が五〇年以上コンクリート・モルタルで覆《おお》われているのをオリジナルの泥の壁に戻そう、という試《こころ》みであった。主催《しゅさい》はフォーコーナーズという団体だった。

　コンクリート・モルタルの壁を一部はがして、そこを日本の左官《さかん》、イギリスの左官、そして地元の左官が塗《ぬ》り比《くら》べる、というものだった。

　日本からは淡路島《あわじしま》に住む久住章《くすみあきら》さん、イギリスからはシェイクスピア時代の劇場を再現《さいげん》したロンドンのグローブ座の壁を塗った、という触《ふ》れこみのピーター、そして地元の左官屋さんが参加した。

　アフリカをはじめ世界中で泥の建物を見てきたが、どう壁を塗るのか、泥壁、泥の建築とはどういうことか、ということに実際に触れるのははじめてであった。

ワークショップの午前中は勉強であった。泥とはなんぞや、という授業のようなもので、石灰《せっかい》の使い方、石積《いしづ》みのやりかたなど、参加して目が開かれる授業だった。

午後には実際に左官屋《さかんや》さんが塗《ぬ》るのだが、日本から参加した久住章さんは初日、泥壁を支《ささ》える土台《どだい》つくりで終わった。イギリスから来たピーターは初日からホイホイと壁を塗る。地元の左官屋さんは、塗らない。なぜ、侵略者《しんりゃくしゃ》がつくった教会の壁を塗るのだ、と塗らないことが彼の表現であった。

久住章さんの泥壁の準備《じゅんび》には、素人《しろうと》の自分でもいたく感動した。壁を支える部分の下を掘《ほ》り、石を並《なら》べてしっかり準備して、実際の壁塗りはそのあとだ、ということだった。ワークショップを一日か長くても二日で先へ進もう、と思っていたが面白《おもしろ》いので最後まで見ていたい、と決めた。

ワークショップの昼食は近所のスーパー・マーケットで材料を買って、自分たちでサンドウィッチをつくる、というものだったが、ある日木陰《こかげ》に座っての昼食後、飲み物を飲みながら隣《となり》に座っている男と話をしていた。彼は有名な日本の左官、久住章さんの塗りを見に来た、という。私は、このワークショップのあとアリゾナに行き、ビル・スティーンというワラで家をつくる男に会いに来たと言い、『ストロー・ベイル・ハウス』の本の表紙《ひょうし》のコピーを見せた。するとその男は「その男は君の隣《となり》にいるよ」と言う。世《よ》の中《なか》にはそんなこともあるのだ。少し驚《おどろ》いたが彼は自分の家の地図と電話番号を書いて、渡してくれ、「ゲスト・ハススがあるからいつでも泊《と》まりに来ていいよ」と言ってくれた。これがビルとの最初の出会いであった。

シウダード・オブレゴンはアメリカ国境に近い、といってもよいだろう。何の変哲《へんてつ》もない町だが近辺ではアメリカ式の大農法が行なわれている。

町の郊外《こうがい》の土地を不法占拠《ふほうせんきょ》し、バラックをつくって住む人々がいる。メキシコには不法占拠地に住む人たちが多い。ここ、シウダード・オブレゴンの土地も不法占拠して人々が住みはじめて四〇年以上も経《た》っている。もはや居住権《きょじゅうけん》が発生している、とは思うが、ある日土地の所有者がそこに水を引き、農地にする、と言われれば、そこに住む人は追い出されるだろう。しかし、市からは毎日給水車《きゅうすいしゃ》がやってくる。また本数は少ないもののバスも運行《うんこう》している。また、選挙《せんきょ》のときは数多くの候補者《こうほしゃ》が必死《ひっし》で投票《とうひょう》を呼びかけにくる。

そこに建《た》ち並ぶ家は廃材《はいざい》やトタン、古タイヤなどを使ったバラックが多く、夏は暑く冬は寒い。ここに住む人は町に仕事に通《かよ》うが、ほとんどが日雇《ひやと》いなどの単純労働をして、日々の糧《かて》を稼《かせ》いでいるのが現状だ。

上：ニューメキシコ州、ラグーナ・プエブロで行なわれた教会の壁を塗るワークショップ。真ん中の人が左官の久住章さん。右隣が奇跡的にここで会ったビル・スティーン。左のアフリカの作業帽をかぶっているのは建築家の丸山欣也さん。

右：バラックに住んでいたこの5人家族はワラの家に住む。奥さんは妊娠中。4人目の子どもができる。

ビルは、シウダード・オブレゴンにある国連《こくれん》に認められているNGO（非政府組織《ひせいふそしき》）、セーブ・ザ・チルドレンの事務所をワラでつくることを頼《たの》まれた。そのオフィスを見たが広くてシンプルで、ワラに泥《どろ》を塗《ぬ》ってつくられた空間は柔《やわ》らかな雰囲気《ふんいき》に満《み》ちていた。

一方、それを機会《きかい》に不法占拠地《ふほうせんきょち》のバラック地帯にワラでワンルームの家をつくった。材料費はほぼ五〇〇ドルで、その家に住もうとしている人や近所の人々にも家をつくるのを手伝ってもらう。そうすることで自分たちの住む家の修理《しゅうり》を覚《おぼ》えてもらう。

ビルはそこに「歌う家の会（Casas que Cantan）」という奥さんたちのグループを結成《けっせい》してもらい、彼女らの要請《ようせい》があれば手伝《てつだ》う、という流れをつくった。今回の五〇〇ドルの予算《よさん》でワラの家をつくる、というワークショップもそうして実現した。

バラック小屋が並ぶ殺伐《さつばつ》とした土地にはすでに三つのワラの家が建《た》っていた。外観《がいかん》は四角《しかく》い箱のようであるが、まわりのバラック小屋に比《くら》べると、人の住む家、という感じがする。

ワラのブロック、ストロー・ベイルが一〇〇個以上積《つ》みあげられている場所で、ビルが集まってきた人々に手順《てじゅん》を話している。総勢《そうぜい》二〇人くらいで国籍《こくせき》はアメリカ、カナダ、メキシコ、日本だ。

まず家の壁を支えるワラのブロックと同じ厚さの土台をつくるため板で囲《かこ》ったなかに、

付近から拾《ひろ》ってきた石を置き、砂利《じゃり》とセメントを混《ま》ぜて、そこに注《そそ》ぎ込んだ。土台は石をセメントでつないだ、と言ったらよいだろうか。そしてその上に防水《ぼうすい》シートを置いて土台は完成だ。

それからその上にワラのブロックを置いてゆく。壁の高さまでワラを積《つ》んだら、両側に、近くに生《は》えているカリソーという細《ほそ》い竹のような植物の茎《くき》を置き、廃品《はいひん》を利用して先端《せんたん》に穴を開けた大きめの針《はり》のようなものに紐《ひも》を通しワラブロックを突《つ》き通して紐をはずし、カリソー同士《どうし》を固《かた》く縛《しば》る。ワラ壁全体を縛《しば》るとしっかりとした家壁になる。柱は使わない。四つのワラ壁同士がお互《たが》い支《ささ》えあって、寄《よ》りかかりながら家の壁になる。

そしてワラ壁にワラを混《ま》ぜた泥《どろ》を塗《ぬ》る。次にもう少し細く切ったワラを混ぜて中塗《なかぬ》りをする。最後に細《こま》かく切ったワラを混ぜた泥で上塗《うわぬ》りをする。

家の壁が完成したら天井《てんじょう》にカリソーをきれいに並べる。そして屋根をかけるのだが、木枠《きわく》をつくって、その上にくずしたワラを置き、断熱材《だんねつざい》にし、泥の屋根にするか、安い材料のトタンなどを置いて完成だ。家の壁や内側の壁を好きな色に塗るのは、そこに住む人の自由だ。

この作業《さぎょう》は、その家に住む予定の子どもを含《ふく》めた家族、「歌う家の会」のメンバー、ワ

上：ワラで家をつくることを学ぶためのワークショップには国籍を問わず人々が集まった（左はカナダから来た大工さん。中央はおばあさんが日本人のメキシコ人）。

右：動物の飼料用の麦ワラのブロック（ストロー・ベイル）を積んで固定し、ワラを混ぜた泥を塗る。

上：屋根を付ければ完成。仕上げの上塗りをする人、内装材のカリソーの節(ふし)を剥(む)く人、まさに手づくりの家だ。

左：予算500ドル(約6万円)のワンルームの家をつくる。ドラム缶を半分に割って、そこでワラと泥を混ぜる。

ラの家のつくり方を学びに来たワークショップに参加した人たちが皆で行なった。二〇数人のマンパワーで三日間、家ができた。

泥壁はまだ乾《かわ》いていなかったが、家の形ができたある夜、その家に住む予定の家族が家の中で一緒《いっしょ》にパンを食べた、という話が作業に参加した人たちに伝えられ、ある種《しゅ》の感動をよんだ。つまりこのあたりでは、家の中に家族全員がそろってパンを食べる、というのは家に魂《たましい》を吹き込むことなのだ。

家が形になって少なからず感動した。荒野《こうや》に建《た》つバラックの中に愛嬌《あいきょう》はないが人の手がかかった温《あたた》かみのある形だ。この土地は、ある財閥《ざいばつ》が持っていて、近くにダムができたら大農法の農地にする、といわれて半世紀以上経《た》っている。その土地で人々が生活を四〇年以上営《いとな》んできたのだ。

ワラのブロック、つまりストロー・ベイルは麦ワラを圧縮《あっしゅく》してロープで結《むす》んだものである。ワラを圧縮するベイラーという機具、機械《きかい》は最初の手動式がつくられたのが一八五〇年ごろで、馬を動力《どうりょく》にしたものは一八七二年、蒸気機関《じょうききかん》が使われたのは一八八四年だ。今では大農法に欠《か》かせない農業機械をつくっているジョンディア社のベイラーが多く用《もち》いられている。

記録に残っている一番古いワラの家、ストロー・ベイル・ハウスは一八八六年にネブラスカ州につくられたワンルームの学校、だそうだ。ポーランドにも一〇〇年以上経《た》った家がある、とビルは言っていたが、機会があったらポーランドにも行ってみよう、と思う。

ワラの家が見直されたのは、友人のロイド・カーンが編集《へんしゅう》した一九七三年発行《はっこう》、一三〇万部を売った『シェルター』という本に紹介され、少し間をおいて一九九〇年代からアリゾナ州で盛《さか》んにつくられるようになってきた。以後、インターネットが普及《ふきゅう》すると、そのつくり方が世界中に広がった。

二〇〇〇年頃、イギリスのコッツウォルズ地方を取材していたとき、立ち寄ったパブでビールを飲みながらストロー・ベイル・ハウスの話を、隣《となり》の客と話した。その男が言うには、「ここのすぐ近くにもあるぜ」という。次の日、人々に尋《たず》ねながら、その家を探《さが》した。ストロー・ベイル・ハウスは大きな庭先《にわさき》にあった。そこの人に撮影《さつえい》の許可《きょか》を頼《たの》むと同時に、どうやってつくったのか、と聞いた。「インターネットでつくり方を知った」という。「子どもたち専用《せんよう》の家をつくりたかったのだ」と付け加《くわ》えて、いつでも写真を撮《と》っていいよ、という。そして「俺《おれ》たちは出かけるから、自由に撮ってよ」と言って車で家を出た。自分

ワラの家に住んでいる家族。主婦のマイラは「家は一生バラックで、自分の家は持てないと思っていた」と語ってくれた。マイラは「歌う家の会」の主要メンバーだ。

は日本から来たよそ者なのに、自宅《じたく》の庭を勝手《かって》にうろついてよいとは、ワラの家は人の心も柔《やわ》らかくするのか。

シウダード・オブレゴンで最初にワラの家、ストロー・ベイル・ハウスに住んだ、主婦《しゅふ》のマイラは「自分は一生《いっしょう》、家を持てない、と思っていた」とワラの家の中の写真を撮《と》らせてくれた。写真嫌《ぎら》いのマイラもワラの家の中では心が柔らかくなったのだろうか。そこは、きれいに整頓《せいとん》された温《あたた》かい部屋だった。

日本で米は一〇〇パーセント自給《じきゅう》している。郊外《こうがい》に出れば田んぼに育《そだ》つ稲《いね》の姿はおなじみだ。が、米粒は日常的に見るものの米ワラの姿にお目にかかることは非常に少ない。なんだか変な感じだ。家からの散歩《さんぽ》コースに奥沢神社《おくさわじんじゃ》がある。そこの御神体《ごしんたい》は米ワラでできた蛇《へび》だ。米ワラの大蛇《だいじゃ》がからみつく鳥居《とりい》を見るために、よく散歩に行く。神社の人に米ワラの蛇の由来《ゆらい》を聞くと、ある農家と契約《けいやく》していて無農薬の米ワラを毎年手に入れている、という。大蛇は毎年、新しいものをつくる、という。毎日のように米を食べているのに身辺《しんぺん》で目にするワラが神社の蛇だけ、というのはどこかおかしい、と思う。

文章を書くのに疲《つか》れたので、これから歩いて奥沢神社の米ワラの大蛇を見に行こう。

おわりに

夏に日本にいるのは、本当に久《ひさ》しぶりだった。八月の中頃《なかごろ》、車で二〇〇七年三月の地震《じしん》で壊《こわ》れた能登《のと》半島《はんとう》の輪島《わじま》に行った。地震で倒壊《とうかい》、破損《はそん》した土蔵修復《どぞうしゅうふく》のワークショップに参加し、見学《けんがく》するためだった。

輪島では地震が起きてはじめて、町に数多くの土蔵があったことに気がついた、という。大地震でひび割れ半壊《はんかい》した土蔵に入ると、夏の暑さにもかかわらず、中の空気はひんやりとして冷《つめ》たく、気持ちが良かった。

土蔵は漆塗《うるしぬ》りで知られる輪島にとって、塗りの作業《さぎょう》に欠《か》かせない空間であることも知った。湿気《しっけ》を吸《す》いながら表面が固《かた》まる漆塗りには壁が湿度《しつど》を調節《ちょうせつ》しながら内部の空気を保《たも》つ土蔵空間が必要なのだ。その中に居《い》ると、変な話だが漆《うるし》の気持ちがわかるような気持ちになる。

三〇年余《あま》り前、日本中を車で回ったことがある。車で輪島に行く途中《とちゅう》の風景は当時と大きく変わっていて、農地が少なくなり、そのかわり家の数が増えていた。そんなことを思いながら東京から輪島を往復《おうふく》してきた。

今年はいつもの年より取材《しゆざい》は少なめだったが、南米《なんべい》のアルゼンチン、ウルグアイに行った。三四年ぶりであった。帰路《きろ》、建築雑誌《けんちくざつし》のスタッフがアメリカ、アリゾナのツーソンに来るので、そこで彼らと合流《ごうりゆう》し友人のビルとアシーナ・スティーンの住む山の中に行った。

そこで数日過《す》ごした後、ニューメキシコ州、サンタフェ近くのポワキ・プエブロといわれるインディアン保留地《ほりゆうち》にあるポー・ミュージアムに行き、有名なアーティストのロクサーヌの作品を見た。ロクサーヌはサンタクララ・プエブロ出身でビルの奥さん、アシーナの妹だ。

この一帯《いつたい》はプエブロ・インディアンという、日干《ひぼ》しレンガ、アドベを積《つ》んだ家に住む人々の土地だ。また、ワラの家を自分一人でつくっているチャールズ・カロザースさんの家を訪《おとず》れた。次に世界的に有名な鉄の作家トム・ジョイス氏を訪れた。彼の作業《さぎよう》スタジオはワラの壁でできている。その内部にはアフリカの鉄器《てつき》や仮面《かめん》などが飾《かざ》ってあった。彼とアフリカのことで話がはずんだ。自分はアフリカに何度も足を運《はこ》び、家の姿を見ることでアフリカの文化に触《ふ》れてきた。そんな生《い》きた経験をもとにトム・ジョイス氏と会話できたことも嬉《うれ》しかったが、彼にアフリカの生活におけるアフリカの鉄や鍛冶屋《かじや》の話を聞けて、視野《しや》が広がった。次回、アフリカに行くときは鉄の文化にも注目《ちゅうもく》してみたい。

ネイティヴ・インディアンの語《かた》り部《べ》として世界的に有名なリナさんのお宅《たく》でパーティーをした。リナさんはアシーナとロクサーヌの母親だ。日本にいる普通のお母さん、といった風貌《ふうぼう》で、リナさんに日本人はアメリカ・インディアンと同じ風貌、雰囲気《ふんいき》を持っている、といわれた。くつろいだ雰囲気《ふんいき》のパーティーが行なわれた部屋から見えたサンタフェの夜景《やけい》が美しかった。

六月にオーストリアのウィーンに行き、車でスロヴェニア、イタリア、フランスを回った。非常に暑い夏だった。ＥＵ（ヨーロッパ連合《れんごう》）になって激変《げきへん》したヨーロッパの現実《げんじつ》を実感《じっかん》してきた。パリも行くたびに、東京のように忙《いそが》しくなり、古き良きパリは姿を消《け》しつつあった。こうして見ると南米もアジアもヨーロッパも、世界中が何かにせかされるように変わりつつあることを実感《じっかん》した。

一〇月に入ってからは取材《しゅざい》の予定が目白押《めじろお》しだ。また日本を出たり入ったりする生活が始まる。それとは別に、仕事の道具のカメラも変化してきた。フィルムの現像《げんぞう》所が少なくなり、それに変わるデジタル・カメラも新しい世代《せだい》に突入《とつにゅう》した。機材の発達に追いつくのもなかなか大変である。

時代の変化で自分の道具として使うカメラも根本的《こんぽん》に変わってきた。こんな時代が来るとは、予想《よそう》もしていなかった。とんでもない時代に居《い》あわせている、と再《ふたた》び思う。新しい撮影《さつえい》道具を持って、初めて訪《おとず》れる家のほか、今まで訪れたことのある家々を再び取材してみることも考えている。そんなことをしたいので生きる時間が足《た》りなくなっている気配《けはい》もする。

最後に怠《なま》け者で遅筆《ちひつ》の著者《ちよしゃ》に付き合い、本の形にしていただいた白水社の岩堀雅己さんに感謝します。彼とは私の高校時代の同期生で今では大英博物館《だいえいはくぶつかん》に作品が永久保存《えいきゅうほぞん》された世界的に有名なアラビア語書道の作家、本田孝一氏の作品集を作るときも一緒にお仕事させてもらった。

小松義夫

著者紹介
小松義夫（こまつ・よしお）
1945年生まれ。東京綜合写真学校に学ぶ。1年間スタジオカメラマン勤務を経て、南米・東欧を皮切りに世界各国で人の暮らしを中心に取材を続けている。81年にはヒマラヤＫ２の登山隊にカメラマンとして同行し、ドキュメンタリー番組「Ｋ２西壁苦闘の60日」の制作に参加。カレンダー「世界のおもしろ住宅」（松下電工）の制作を約20年続けた。現在でも多くの時間を海外取材に費やす。
主な著書に『地球生活記』『地球人記』（福音館書店）、『世界の不思議な家を訪ねて』（角川oneテーマ21）、『Ｋ２に挑む』（新潮社）、《Built by Hand》《Humankind》（Gibbs Smith, Publisher / U.S.A. 2006 ForeWord Book of the Year, bronze winner in Photograph）、《WONDERFUL HOUSES AROUND THE WORLD》（Shelter Publications, Inc./U.S.A.）などがある。

katachi
地球のカタチ

ぼくの家《うち》は「世界遺産」

2007年10月25日印　刷
2007年11月21日発　行

著　者　小　松　義　夫
発行者　川　村　雅　之
印刷所　株式会社　理想社

発行所
101-0052東京都千代田区神田小川町3の24
電話03-3291-7811（営業部）,7821（編集部）
http://www.hakusuisha.co.jp　株式会社　白水社
乱丁・落丁本は送料小社負担にてお取り替えいたします.

振替 00190-5-33228　Printed in Japan　松岳社（株）青木製本所

ISBN978-4-560-03172-8